東京「ぽち小屋」探歩

持田庄一
Mochida Shoichi

王国社

目次

はじめに

　とにかく東京の街中《まちなか》に建つ、「小屋」の話を始めたい。しかし、何処の街にでも見かける、単なる小屋の話ではない。決して、何処にでもある小屋の話ではない。それは会えば会うほど魅力的で、しかもとても楽しくなる、そんな「小屋」の話である。つまりそれは「小さな小屋」のことである。

　確かに東京の街中に「小さな小屋」は、きっとあるはずだ。しかも魅力的で楽しくなる、そんな「小さな小屋」は必ずあるはずだ。だからきっと見つけ出せる。必ず見つけ出せる。ところが問題は、その名称である。単なる「小さな小屋」では面白くない。魅力的で楽しい、そんな小屋に相応しい、名前を付けなければならない。名前を考え出さなければならない。

　そこで「小ささ」を意味する言葉を考えた。一生懸命探した。そして最後に、「ぽち」という言葉に辿り着いた。というのも日本語の「ぽち」には元々、小さいという意味があるようだ。そして「ぽち」とは、「小さな点」や「小さな袋」を意味するそうだ。そこで「小さな小屋」に対する名称を、ここでは「ぽち小屋」と称することにした。小ささを、より強調した名称を採用することにした。というのも「ぽち小屋」ならば当然、その小ささを強調することになり、しかも親しみも持て、なんとも可愛く思えたからである。多くの都会人に、受け入れられると思ったからである。ではこれからその「ぽち小屋」への建築的な思いを、綴って行くことにしたい。

淫祠としての「小屋」

〝建築〟はしばしば、雑学の集大成といわれる。確かに〝建築〟は、沢山のモノゴトから成り立っている。ちょっと考えても建築には、社会、環境、生活、芸術、そして人体等、世の中の全てのモノゴトが纏わりついている。つまり建築は、モノゴトの寄せ集めで成り立っている。だから一度《ひとたび》〝建築〟のことを考えはじめると、実に際限のないことが判かる。いわば建築は掴み所のない、鵺《ぬえ》のような存在である。だからその魅力に一度でも取り付かれたら、一生涯、その魔力から抜け出すことが出来ない。要は麻薬みたいなモノでもある。

こうして〝建築〟という世界は、とてつもなく広い。否、広過ぎる。だから滅多に、本物といえるような〝建築〟に巡り会うことはない。しかも辿り着くまでには、多くの試練が待ち受けている。そしてそんな試練を、乗り越えなければならない。困難を克服しなければならない。だから〝建築〟は面白い。〝建築〟への魅力は尽きない。ならば本物の〝建築〟に出会ってみたい。これぞ〝建築〟といえる、本物の〝建築〟と出会いたい。そこで、そんな方法を考えてみた。そんな方法を真剣に探してみた。けれどそんな手軽に、〝建築〟と出会える方法などない。そんな安直な方法など、簡単に見つかるはずがない。本物の〝建築〟に出会うということは、とても至難の業である。

嘗て散人の永井荷風は、東京の、ありとあらゆる街を歩き尽くした。そして街歩きの随筆「日和下駄」を著した。いわば、街歩きの嚆矢本である。荷風はそこで、裏通りに佇む淫祠を拾い上げた。淫祠が秘めている、モノの哀れを絶賛した。しかもそこに、都会人の精神的な拠り所を発見した。拠り所をえぐり出した。けれど淫祠とは何だろう。一体都会人にとって、どんな存在なのだろう。そこで淫祠について考えた。一生懸命熟考した。ところがいくら考えても、その存在意義がわからない、意義が見つからない。もちろんそうした答えなど、そんな簡単に出てこない。出てくる分けがない。というのも東京の街中には、淫祠そのものが見当たらない。身近に存在しない。そのため都会人は淫祠を、なかなか受け止められない。その存在意義を理解できない。だから改めて考えた。現代の淫祠とは何か。そして以前の淫祠に代わる、現代の淫祠とは何かを考えた。そこで試しに淫祠を、現代のモノに置き換えてみることにした。現代のモノならば、一体何かを考えた。すると、あるコトが閃いた。ふと思い浮かんだ。しかしあるコトとは何か。一体どんなコトか。結局そして以前の淫祠に代わる、現代の淫祠その答えは、都会人のすぐ傍《そば》にあった。傍《かたわら》に佇んでいた。それは気持ちが引き寄せられる〝建築〟であった。心に残こる〝建築〟であった。そんな〝建築〟ならきっと、淫祠に代わることができると思った。以前の淫祠に代わって、現代の淫祠になれると考えた。結局淫祠に代われるのは、記憶に残る〝建築〟しかないと思った。というのも記憶に残る〝建築〟には、記憶を閉じ込める力が内在しているからである。しかも同時に、記憶を呼び戻す力も兼ね備えているからである。

しかし、これほど雑多な東京の街中《まちなか》に、そんな〝建築〟などあるだろうか。果たして記憶に残り、しかも、こよなく愛せる〝建築〟などあるだろうか。そして例え路地の片隅にでも、記憶に残る〝建築〟を見つけ出すことが出来るだろうか。そこでまずは手始めに、東京の街中を歩くことにした。ともかく街中を、歩くコトから始めた。歩くことで、現代の淫祠を見つけようとした。要は記憶に残る〝建築〟を探し始めた。でもすぐに答えは出てこない。そんなに早く、成果は見えてこない。現代の淫祠が石ころみたいに、そこらの道端に転がっている分けがない。

それでも街を歩けば必ず、記憶に残る〝建築〟を探した。記憶に残る〝建築〟を意識して、街を歩いた。だからちょっと変わった建物を見つけた時は直ぐに立ち止まり、そして対峙した。そんなことを何度も繰り返した。他に現代の淫祠を探す術《すべ》がなかった。だから〝小屋〟という判断ができなかった。そこで改めて、〝小屋〟とは何か、そして〝小屋〟とはどんなモノかを考えた。というのも〝小屋〟の基準がこれまで、はっきりしていないからである。

というのも小さな建物ならばそれをそのまま、〝小屋〟としてきた。何となく〝小屋〟と看做《みな》してきた。つまり〝小屋〟に対して、安直な判断をしてきた。けれど考えてみれば、〝小屋〟の基準などない。〝小屋〟の決まりなど、何処にもない。例えば、どの位までの小ささならば〝小屋〟になり、どの位までの大きさならば〝小屋〟でないのかが決まってない。又どの位までの低さなら〝小屋〟になり、どの位までの高さなら、〝小屋〟にならないかも決まってない。要は〝小屋〟の基準が、はっきりしていない。つまりどこにも、こうであれば〝小屋〟になり、こうでなければ〝小屋〟でないというような決まりなどない。だから誰もが〝小屋〟としての判断ができない。〝小屋〟としての基準が決められない。

言葉としての「小屋」

だから〝小屋〟に関する、あらゆることについて考えた。ところで〝小屋〟を文字にすれば、それは「小さな屋《おく》」と書く。そこで言葉としての〝小屋〟について考えた。すると〝小屋〟への心象が沸いてくる。そして〝小屋〟への映像が浮かんでくる。しかしそれだけでは流石に、〝小屋〟そのものの意味が掴めない。理解できない。未だ心象が漠然としている。何となく曖昧である。そこで〝小屋〟の意味を調べた。〝小屋〟を辞書で引いてみた。そしてそこには、次のように記されていた。

①小さくて粗末な家屋。また、仮に立てた小さな建物。かりごや。「ほったて――」「鳥――」

②芝居または見世物を興業する建物。

辞書には予想以上の〝小屋〟が載っていた。そしていくつもの種類があった。しかも、様々な〝小屋〟があることが分かった。そこで改めて、〝小屋〟の意味について考えた。まずは、①の項目から検討することにした。ただ②については、そのまま把握できるので、ここでは省くことにした。

まず①の冒頭には、〝小さくて〟と記されている。しかしそこに、〝小ささ〟の基準が示されていない。基準がはっきりしていない。〝小ささ〟を判断する、具体的な基準が記されていない。だからこれだけでは、どの位低い家屋なのか、あるいは又、どの位狭い家屋なのかが分からない。つまり建て坪のことなのか、家屋の立端《たつぱ》のことなのかも分からない。要は同じ〝小ささ〟でも、これだけでは、家屋に対する判断が付かない。結局、〝小屋〟かどうかの判断ができない。つまりここでの〝小屋〟の判断は、家屋と相対した人の捉え方に預けられている。全ての判断は、人の捉え方次第になっている。

さて次に、〝粗末な〟と記されている。けれどここでも、〝粗末〟という基準が示されていない。はっきりしていない。〝粗末さ〟を判断する、具体的な基準が記されていない。だからこれだけでは、どの位見窄《すぼ》らしい家屋なのか又、どの位貧弱な家屋なのかが分からない。つまり見《み》た目のことか、あるいは又、素材のことかが分からない。要は同じ〝粗末さ〟でも、言葉だけでは、家屋に対する判断が付かない。結局、〝小屋〟かどうかの判断ができない。つまりここでも〝小屋〟の判断は、家屋と相対した人の捉え方に預けられている。全ての判断は、人の捉え方次第になっている。

続いて「仮に立てた小さな建物」、そして「かりごや」と記されている。ここでは、〝小屋〟を時間と関連させて捉えている。いわば建物の〝小ささ〟を、時間を中心にして捉えている。確かに建物は全て、その存在は時間と共にある。そしてその形態は、時間と共に変化する。だから小屋の〝あり様〟も当然、時間の経過と共に変わってゆく。建物には必ず、時間という概念が纏わりついている。

こうして建物を時間軸で捉えれば、それは常に仮設ということになる。つまり建物の根底には始めから、仮設という意味合いが含まれている。考えてみれば建物は全て、常に仮設状態なのである。だから建物は、朽ちることを前提に建てられる。最後は解体されることを覚悟で建ち上がる。いわば建物は建ち上がった時点で、既に壊れ始めているのである。つまり建物は全てその成り立ちからして、実は〝仮り〟の姿なのである。

しかしここでも辞書には、時間に対する具体的な基準が、示されていない。時間を判断する、具体的な基準が記されていない。だからこれだけでは、何時迄なら〝仮り〟なのか、又何時を過ぎたら〝仮り〟でなくなるのかが分からない。つまり何時までなら仮設なのか、あるいは又何時まで持ちこたえれば、常設と看做《みな》すのかも分からない。要は同じ〝仮り〟でも、形態に対する判断が付かない。結局、〝小屋〟かどうかの判断ができない。だからここでも〝小屋〟の判断は、家屋と相対した人の捉え方に預けられている。つまり全ての判断は、人の捉え方次第になっている。

続いて辞書には「ほったて――」とある。「ほったて――」とは、建物の建て方のことである。ここでは〝小屋〟というものを、建築工法から捉えている。つまり〝小屋〟という判断を、建築工法の点から行っている。ところで「ほったて――」とは、どんな建て方のことか。果たしてどんな工法なのか。そこで早速、建築辞典を繙《ひもと》いてみた。ところが答えは簡単だった。

その建築工法とはまず、地面に柱の本数分だけ穴を掘る。次に、その穴に柱を落し込み建ち上げる。それから、掘った土を柱の周りに埋め戻す。そして最後にその土を固めれば、作業は全て完了する。つまり「ほったて――」とは建物の、もっとも簡便な建て方のことである。要はズブの素人でも、建築可能な工法のことである。だから「ほったて――」工法は神代の代から今日まで、延々と引き継がれているのである。実は彼の天照大神が鎮座まします伊勢神宮の棟持ち柱も、「ほったて――」工法で造られている。結局、高貴と崇《あが》められているあの伊勢神宮の神殿も、その建て方は、単なる〝小屋〟の一つに過ぎないのである。

ここでは「ほったて――」という言葉が、〝小屋〟の代名詞となっている。確かにこれまで、立派な小屋とは聞いたことがない。立派といわれる〝小屋〟に、お目に掛かったことがない。つまり〝小屋〟というものには自然と、安普請という印象が纏わりついているからである。安普請というイメージから、逃れられていないのである。

最後には、「鳥——」と記されている。ここで漸く冠に、生き物の名前を被せた〝小屋〟が登場する。そしてこれ以外にも、「犬小屋」や「鶏小屋」などがある。また一寸昔の民家には、通信用の「鳩小屋」が、屋根の上に見かけられた。更に一寸都会を離れれば、そこには「牛小屋」や「馬小屋」なども見られた。ところが同じ生き物は生き物でも、それぞれの〝小屋〟の形態は異なっている。当然鳥と犬、そして牛と馬では違ってくる。愛玩動物には、精神的な形態が求められるし、家畜動物には、機能を中心とした形態が求められる。当たり前のことである。要は生き物の違いで、〝小屋〟にも、様々な形態が求められている。

こうして〝小屋〟という項目だけでもそこには、様々な〝小屋〟の〝あり様〟があった。そして様々な〝小屋〟の〝あり様〟が見てとれた。しかしそんな〝小屋〟の〝あり様〟も全ては、人の都合によって作られていたことが分かった。

建物としての「小屋」

さてこれまで、言葉における〝小屋〟ついて考えてきた。そこでここからは、建物としての〝小屋〟について考えてみたい。建物の〝あり様〟を見つめ直すことによって、〝小屋〟を捉え直してみたい。

そこで建物としての〝小屋〟とは何か。つまり建物としての〝小屋〟はこれまで、一体どのように捉えられていたのか。どのような捉え方をされて来たのか。要するにどんな建物なら、〝小屋〟と扱われてきたのか。又どんな建物なら、〝小屋〟として扱われて来なかったのか。というのも建物における〝小屋〟

の捉え方がこれまで、実に曖昧だからである。その〝あり様〟が、漠然としているからである。

さて〝小屋〟には、三つの〝あり様〟がある。三通りの捉え方が考えられる。その一つめは、屋根の〝あり様〟である。つまり〝小屋〟の屋根形状に関することである。そこで〝小屋〟を文字で表わすと、「小さな屋」と書く。すると〝小屋〟は文字通り、小さな屋根が載った建物のことになる。

ところで屋根はそもそも、何のために架けられているのか。何を目的としているのか。それはもちろん空から降ってくる雨を、そのまま地面へ流すためである。そして地中に染み込んだ雨を、再び天空へと戻すためである。つまり、そこに〝小屋〟と自然との関係が生じる。だから〝小屋〟は建物として当然、自然に溶け込んでいく。そして自然と融合し、環境と一体化する。つまり屋根は自然に対する、一つの循環装置の役割も担っている。

ところが屋根が小さければすぐに、〝小屋〟として看做される分けではない。単純に〝小屋〟になるとは限らない。つまりどんなに小さな屋根でも、仮にその形状が平らでは、それは〝小屋〟とはならない。〝小屋〟とは看做せない。だから〝小屋〟の屋根にはどうしても、勾配が必要となる。つまり屋根には、一定以上の勾配が求められる。要するに〝小屋〟かどうかは、屋根勾配の有無で決まってくる。すなわち〝小屋〟とは勾配のある、小さな屋根の載った建物のことである。結局そんな建物の〝あり様〟が、〝小屋〟の原点である。

さて次に〝小屋〟として求められているのは、形態の〝あり様〟である。要はその形態が、独立しているかどうかである。では独立した形態とは何か。果たしてどんな形態の〝あり様〟なら、〝小屋〟が独立していると言えるのか。

まずは形態が一つになっていることである。周囲と繋がっていないことである。つまり形態が、一棟で完結していることである。つまり〝小屋〟というのは、一棟で一形態を成す建物のことである。考えれば当たり前のことである。というのもそもそも〝小屋〟というのは、独立した形態を成す建物のことだからである。つまり〝小屋〟であるかどうかは、その形態が独立しているか否かの〝あり様〟で、看做されるからである。

ところが、いざそのような建物を見つけようとしても、そうことは簡単に運ばない。これ程混沌とした東京の街中で、そんなに簡単に見つかるはずがない。要は石ころみたいにゴロゴロと、道端に転がっている分けではない。何せ一棟一形態の建物である。そんな建物を見つけ出すのは、至難の技である。

けれど街を歩けば時には、小さな建物と出会う。偶然、巡り会うこともある。そんな時はまず、その建物の佇まいを見つめる。そして次に、その形態の繋がり具合を見る。周囲と繋がっていないかを調べる。そして最後に、その建物が独立しているかどうかを確認する。

というのも、例えどんなに小さな建物でも、その形態が独立していなければ、そうした建物を、〝小屋〟とは看做せないからである。周囲と繋がった建物を、〝小屋〟とは認められないからである。つまり〝小屋〟というのは、周囲にも干渉せず、しかも周囲からも干渉されない、そんな〝あり様〟の建物のことだからである。

〝小屋〟には必ず、それなりの〝あり様〟がある。それなりの〝あり様〟を持っている。しかもその〝あり様〟に、魅力を秘めている。だからそんな〝あり様〟が、〝小屋〟の存在感を高めている。つまり〝小屋〟は独立した形態が、その〝あり様〟の基本だからである。だから〝小屋〟には、独立した形態が求められるのである。

さて最後に〝小屋〟として求められるのは、機能の〝あり様〟である。その機能が独立しているかどうかである。では一体独立した機能とは何か。どのようなことか。要はどのような機能の〝あり様〟なら、〝小屋〟として独立しているのか。

そこでまず考えられるのは、〝小屋〟の機能が一つだけのことである。たった一つしか、内蔵してないことである。要はその機能が、周囲の機能と繋がっていないことである。いわばその機能が、一棟で完結していることである。つまり〝小屋〟というのは、一棟で一機能しかない建物のことである。考えれば、当たり前のことである。というのも〝小屋〟はそもそも、その機能の〝あり様〟で、看做されているからである。つまり〝小屋〟であるかどうかは正に、その機能が独立しているかどうかである。

又こうした〝小屋〟の〝あり様〟は、その平面形状だけでなく、断面形状についても求められる。というのも、仮に建物の平面が上下に重なっていても各階の機能は、同一でなければならないからである。一階と二階で機能が違っていては、その機能が独立しているとは言えないからである。もちろんそうした建物は、独立した〝あり様〟を失っている。だから〝小屋〟にはならない。〝小屋〟とは認められない。

元来建物は、求められた機能を生み出し、しかもその機能を維持するために建てられる。けれど必ずしも始めの機能が最後まで、同じ状態で維持される分けではない。維持されるとは限らない。時にはそこに、他の機能が入り込む。様々な機能が入り込んでくる。すると元の機能を侵蝕する。そして最後は、それまでの独立した〝あり様〟を失う。結局〝小屋〟はその〝あり様〟を消滅し、単なる建物になる。もちろん〝小屋〟には始めから、複数の機能など求められていない。必要とされていない。求められているのは、独立した機能だけである。機能が独立している〝あり様〟である。

つまり〝小屋〟とは、形態も機能も独立した建物のことである。独立した、〝あり様〟を示せる建物のことである。だからそうした建物だけが、本当の〝小屋〟の〝あり様〟を見せることができる。そこで初めて、建物は〝小屋〟と認められる。結局〝小屋〟であるかどうかは全て、その建物の〝あり様〟に依っている。

「ぽち小屋」を探し求めて

普段東京の街中で暮す生活者は、そんな得体の知れぬモノに、気を止めることはない。始めから、こうした〝小屋〟に関心はない。ましてや〝小屋〟の〝あり様〟のことなど、全く関心を示さない。

しかし〝小屋〟とは言え、時には思いもよらぬ〝あり様〟を見せることがある。予想もしない表情を見せることがある。例え巨大建築に包囲されても、必ずその何処かに、〝小屋〟の〝あり様〟を発揮している。その〝あり様〟を主張している。確かに〝小屋〟には〝小屋〟の、それぞれの〝あり様〟がある。〝小屋〟独自の〝あり様〟を持っている。というのも〝小屋〟は何故か不思議な魅力を持っているからである。その〝あり様〟に、魅力を秘めているからである。そしてその魅力がより、〝小屋〟の価値を高めているのである。だから時には都会人の、気持ちを引き止めることもある。気持ちを引き付けることもある。考えてみれば〝小屋〟というのは、実に不思議な建物である。

こうしていつしか、〝小屋〟の虜《とりこ》になった。その魅力に取り付かれた。しかもいつの間にか頭から、その〝あり様〟が離れなくなった。しかしそこで漸く、現代の淫祠と出会ったような気がした。否、出会ったことを確信した。以来〝小屋〟そのものが、それまでの淫祠に代わった。つまり〝小屋〟の〝あり様〟が、昔の淫祠に代わった。

けれど〝小屋〟というだけでは、通常街中で見かける小屋とは区別が付かない。やはり淫祠に代わる〝小屋〟ならば、通常の小屋よりもより可愛く、しかも建築的に魅力がなければならない。だから可愛さを強調する方法はないか。より魅力を主張する方法はないかを考えた。そこで〝小屋〟の名前を考えた。そして「ぽち小屋」と命名した。というのも「ぽち」という言葉には、「小さい」という意味がある。しかも「ぽち小屋」となれば、「小さい」という意味が重なることにもなる。であれば〝小屋〟としての「小ささ」が、より強調されてくる。ならば「ぽち小屋」は現代の淫祠として、とても相応しい名前になる。そこで「ぽち小屋」が、現代の淫祠となった。だから直ぐにでも、「ぽち小屋」と出会いたくなった。魅力ある「ぽち小屋」を見つけたくなった。

だからといって、どんな「ぽち小屋」でも良い分けではない。やはり街で見かける〝小屋〟では、些か物足りない。そして建築的にありきたりの〝小屋〟では、とても満足できない。そこにはもちろん、〝小屋〟としての魅力がなければならない。何処かに、魅力的な〝あり様〟が備わってなければならない。

けれど、コトは簡単に進まない。もちろんそんな簡単に、「ぽち小屋」を見つけられるわけがない。いわば巨大建築が林立する東京の街中に、現代の淫祠たる「ぽち小屋」を見つけるのは至難の技である。だから東京の街中を歩いた。当て所無く、闇雲に街中を歩いた。そして街を歩けば必ず、「ぽち小屋」を探した。建築的に魅力ある「ぽち小屋」を探し続けた。

だから時には、見知らぬ路地に紛れ込んだ。そして何時しか、進むべく方向を見失った。けれど偶《たま》には、「ぽち小屋」と出会うこともある。巡り会うこともある。そんな時は既に「ぽち小屋」が、眼《まなこ》に写り込んでいる。そしてややズレて、脳の中枢へ移動する。こうしていつの間にか、目の前にその〝あり様〟が佇んでいる。その存在を、主張している。けれど「ぽち小屋」は大方、街中の片隅に埋もれている。ひっそりと佇んでいる。時には、何とも言えない表情を見せる。その〝あり様〟が、可愛く見える。だから何とも愛おしくなる。自然と気持ちが引込まれる。時には、思わず小躍りする。いつまでも、そこにいたくなる、そこから離れたくなくなる。

以来、幾つもの「ぽち小屋」と出会った。様々な処で、様々な「ぽち小屋」と巡り会った。そして気付けば、路地の片隅に蠢《うごめ》いていた。幾つもの「ぽち小屋」が佇んでいた。しかし同じ「ぽち小屋」でも、それぞれの〝あり様〟を見せていた。それぞれの〝あり様〟を醸し出していた。それぞれの「ぽち小屋」は、一度出会えば決して忘れることのない、個性的な魅力を秘めていた。

そこで、こうした「ぽち小屋」への思いを、文字で書き留めることにした。頭の片隅に刻み込まれた記憶を紡ぎ出し、言葉に綴ってみることにした。そこで、これまで出会った中から、「ぽち小屋」に相応しい小屋を選定した。そして23の「ぽち小屋」を選び出した。その数は、東京行政区に倣った。だから、ここで取りあげた「ぽち小屋」は、数多《あまた》ある小屋の中から、選《よ》りに選《よ》りすぐった「ぽち小屋」である。

そして次に、書き留める順序を検討した。そこで「ぽち小屋」のある地名を書き出してみた。というのも地名を眺めていればひょっとして、その〝あり様〟が、見つけ出せると思ったからである。地名から、「ぽち小屋」の〝あり様〟が見つけられると思ったからである。けれど結局は東京の街中を、彷徨っている錯覚に陥った。東京の街中を、浮遊しているように感じた。そして最後は幾つもの「ぽち小屋」が、東京の街中を拡散していた。

そこで止むなく、それぞれの地名をあいうえお順に並べた。すると今度は「ぽち小屋」の、距離感覚を意識する必要がなくなった。次第に他の「ぽち小屋」が、頭の中から消えていた。そこで「ぽち小屋」独自の〝あり様〟が、浮かび上がった。それぞれの〝あり様〟が描けるようになった。そして漸く「ぽち小屋」の〝あり様〟を、取り纏めることができた。

しかし、どうしても捨てきれない「ぽち小屋」が二つ残った。記憶の奥に刻まれた「ぽち小屋」があった。もちろん二つ共、これまで以上に魅力ある「ぽち小屋」である。限りない魅力を秘めている。しかし何れも東京の街の外にある。ましてやその一つは、日本から遠く離れた南フランスにある。そこで最後にその二つを、番外編として加えた。

ではこれから、都合25ヶ所の「ぽち小屋」の探歩に出かけることにしたい。そしてそれぞの小屋の〝あり様〟から、これまでに味わったことのない、「ぽち小屋」独特の建築的な魅力を感じて戴きたい。

東京「ぽち小屋」探歩

1 「芝居小屋」あきる野・菅生／組み立て舞台

◎立地　あきる野市菅生
◎最寄　ＪＲ五日市線・あきる野駅
　　西東京バス、菅生
◎階数　平屋建て
◎構造　木造丸太造り
◎屋根・外壁　ヨシズ貼り

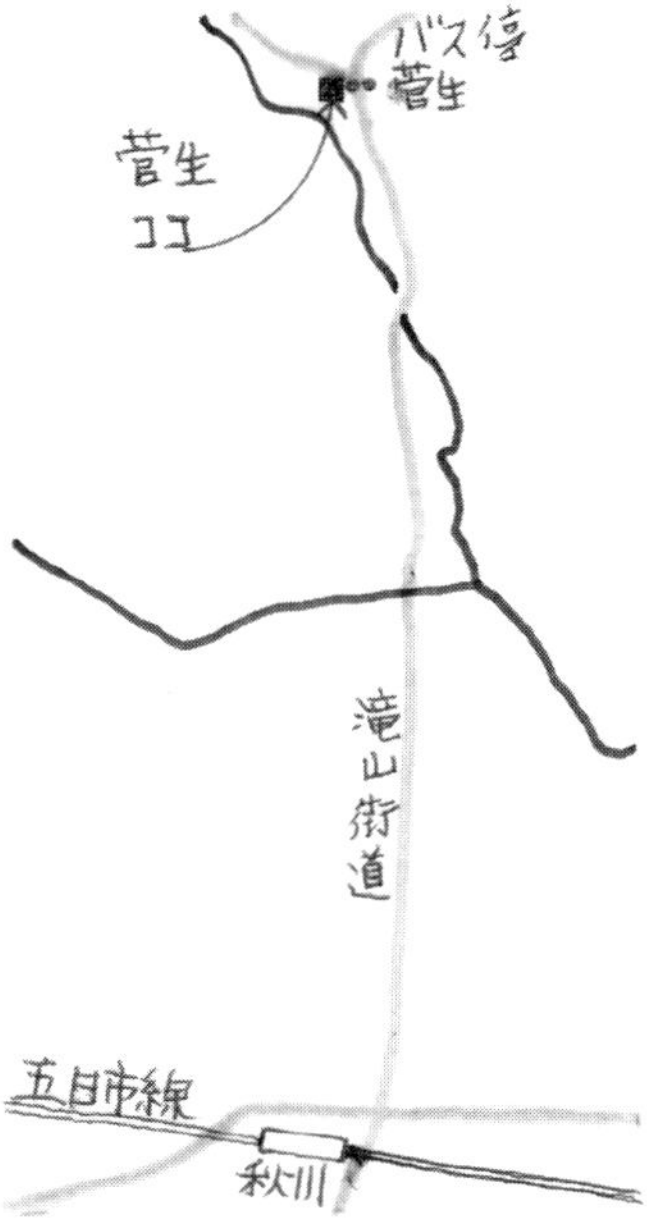

「芝居小屋」

今も東京の街に、「芝居小屋」が残っていた。小屋があるのは奥多摩の山間《やまあい》、菅生《すがお》という処。しかし普段小屋は解体され、その資材は仕舞われている。ただ二年に一度、近くの正勝《まさかつ》神社で行われる祭礼で、農村歌舞伎を演じるために組み立てられるそうだ。しかも今年は、丁度その年に当る。そこで早速、「芝居小屋」を見に出かけた。

ＪＲ立川駅で五日市線に乗り替え、秋川駅で降りる。駅前からバスに乗る。十五分程で目的地の菅生に着く。バス停の前は小公園になっている。「芝居小屋」はこの小公園内に組み立てられるようだ。既に公園には、五六十人の地元住民が集まっている。これから「菅生組み立て舞台保存会」所属のメンバーを中心に、住民総掛かりで組み立てられる予定になっている。そして舞台には、″八間用″（14・4ｍ）と″五間用″（9・0ｍ）の二組の形状があるそうだ。そんな二組の部材が今、広場の隅の、小さな物置に収納されている。

するとこれは誰が何と言おうと、芝居のための小屋である。芝居を演じるために造られた小屋にちがいない。そこで、ここではこの小屋を「芝居小屋」と名付け、改めてその建築的な魅力を探ってみることにした。

まずは物置に仕舞ってある丸太に縄を縛り、一本ずつ外へ引っぱり出す。そこで次に、幟柱用の部材を立てる準備が始まる。先ずは敷地奥に、二本の丸太柱が並んで立てられる。そして左右の桝に、二本の添え柱が埋め込まれる。次にその周囲に、木っ端材が詰め込まれる。最後に、一番長い丸太が二本引き出される。丸太の長さは9ｍ、根元は18㎝ある。丸太の上部に幟を固定する横竹と、その先端に、飾り金物が取り付けられる。丸太はクレーン車で吊るされ、桝に埋められる。立ち上がったら転倒防止用に、丸太と挟み柱を貫通する閂《かんぬき》が差し込まれ、込み栓で固定される。こうして幟柱が立ち上がる。

小屋組

そしていよいよ、小屋本体の建て方に移る。今年は間口八間、奥行き四間の舞台が予定されている。そこで急に、建築に関する木構造の話である。本来の木造建築は、本体の軸組みと上部の小屋組とで構成されている。いわば小屋組は上部構造であり、そして軸組みは下部構造である。ところが始めの頃の木造建築は、まだ小屋組しかなかった。軸組みまではなかった。いわば木造建築は、上部構造だけで成り立っていた。というのも建物は、雨露さえ凌《しの》げればよかった。それで、最低限の暮らしが成り立っていた。要は空間が確保できればよかった。ところがその後の建築技術の進化により、小屋組を支える軸組みの加工が可能となる。そしてその軸組みが、木造建築の下部構造となり、更に上部構造の小屋組が、〝屋根〟の役割を果たすことになる。だから木造建築の原点は、小屋組にあると考えられる。

小屋組とは、二木あるいは三本の斜め材（叉首《さす》いう）を合掌させ、棟木を支える仕組みである。そして軸組みとは、垂直に立ち上げた柱の上部を、水平の桁と梁で繋ぐ工法である。つまり木造建築は、小屋組と軸組みという、二つの工法を組み合わせた構造から成り立っている。ところがこの小屋には、何故か小屋組がない。上部構造が見当たらない。「芝居小屋」全てが、下部構造だけで出来ている。

軸組みを組み立てるにはまず、クレーン車で門型の丸太を吊り上げる。二組の丸太は、舞台前後の軸組みになっている。しかし建て方は何と、掘っ立て式である。要は地面に穴を掘り、そこに柱を埋め、最後に周囲を土で固める、もっとも原始的な建て方である。そのため地面の中にはあらかじめ、コンクリート製の桝が埋め込まれてはいる。丸太が四本あるから、当然桝も4ヶ所ある。そして穴に丸太柱を差し込み、二組の門型が建ち上がる。そこで漸く、軸組みの骨格が出

建て方途中の軸組み（菅生組立舞台保存会　提供）

来上がる。更に舞台の上手《かみて》には2本、下手《しもて》には3本、そして後方には4本の、独立柱が立てられる。独立柱には控え柱を継ぎ足し、丸太を横に3段流す。同様に舞台床面にも、丸太を流す。そして最後に厚さ3㎝の床板を敷き、舞台が完成する。そこで舞台を観察する。手前の幅が奥より、若干広めになっている。手前を広く奥を狭くしている。つまりここでは舞台を、より深く見せる工夫がなされている。いわば遠近法の手法を使っている。

跳木《はねぎ》工法

午后は小屋桁の上に、二寸竹を組む作業から始まる。竹は三尺間隔で、縦横交互に組まれる。しかしそのために、わざわざ作業足場は設けることはしない。だから丸太の上を、安全装置無しで歩かねばならない。すると当然作業に、危険が伴う。しかし皆、丸太の上

建て方完了後の舞台（菅生組立舞台保存会　提供）

を軽々と渡っていく。手慣れたものである。そして竹組みが終われば、屋根組みは完了となる。後は興業の前日に、上にヨシズを葺くだけである。だからそれまでは風で吹き飛ばないよう、屋根の上に束ねておく。そして軸組みはそこで一旦完了となる。一方舞台の脇では竹組み作業と平行して、花道が造られている。花道は客席から向かって左手、すなわち下手側になる。ところがその平面形状は、始めは舞台横手から客席側に向い、一旦手前に折れ曲がり、また本舞台へと繋がっている。

　ところでこれまでの丸太組作業には、釘一本も使われていない（但し補強のための鎹《かすがい》は除く）。全ての箇所が荒縄で縛られている。表と裏を互い違いにして、矩形型に結わかれている。しかも荒縄は、何重にも巻かれる。確かにこれならば、柱と桁はちょっとやそっとで外れることはない。こうした箇所にも、地元に昔から伝わる、幾つもの知恵が活かされている。因にその結び方を、箱締めという。

そこで小屋全体を見渡す。そしてその〝あり様〟を、じっくりと眺める。そこで気になるのが、庇の先端から斜めに走る丸太である。屋根を太い丸太が、斜めに横切っている。しかもその根元には、布袋がぶら下がっている。そして布袋は、ロープで括られている。けれど中に、何が入っているか分からない。見当がつかない。そこで中を覗いてみる。すると、石ころが詰め込まれている。近くの川原に転がっている玉石である。要は先端に重りをぶら下げ、丸太を湾曲させている。つまり、小屋から飛び出た竹の撓《たわ》みを矯正している。いわば梃子《てこ》の原理を応用している。こうした構造材のことを建築用語では、跳木《はねぎ》(または桔木《はねぎ》)という。

隔年再建

そこで小屋の建築的魅力を探し出し、拾い集めてみた。小屋は二年に一度立てられる。けれど立ったと思ったら、すぐ壊される。あっという間に小屋は無くなる。そして小屋が解体されれば、もちろん建築空間も亡くなる。更に舞台空間も消滅する。そして最後は、全ての空間が消去される。

ところで日本には、建物が亡くなっても、その建築空間だけが維持されている建築もある。嘗て伊勢の山奥に、二つの同形の敷地が用意された。そしてその片方に、一棟の神殿が建てられた。しかし始めが左右どちらだったかは、はっきりしていない。何れにせよそれが、伊勢神宮正殿である。だが建物は、二〇年もすれば痛みも激しくなる。そこで隣の敷地に、全く同じ形状の新し

舞台の下手へ繋がる花道

い神社が建てられる。そして建築空間だけが、隣の建物に移される。建物が移れば当然、ご神体も移される。そこで元の建物が取り壊される。けれど建物は取り壊されても、その残像だけは残る。いわば建築の〝あり様〟だけが残る。そしてまた二〇年後には、その〝あり様〟が逆転する。こうして伊勢の聖地では、建築の〝あり様〟が永遠に継続されている。だから建築空間も永久に持続される。いわば伊勢神宮はこれまで、同じ建築空間を複製し続けている。そして所謂式年造替という制度が、今も継続されている。つまり現代の情報社会の制度を先取りしているようである。

残像空間

この「芝居小屋」も解体されれば、建築空間も亡くなる。そして建築空間が亡くなれば当然、舞台空間も亡くなる。同時に二重の空間が失われる。そしてそこに、建築の〝あり様〟だけが残る。では建築の〝あり様〟とは何か。そして舞台空間の魅力とは何だろうか。もちろん建築の〝あり様〟は、建築空間の魅力と連動している。そして建築空間の魅力は、舞台空間の魅力にも繋がっている。しかしその魅力も、役者が退場すれば同時に、その意味を失う。いわば役者と舞台空間は一体となっている。しかし舞台には、役者の残像だけが残る。そこには虚像の空間だけが残る。そしてそれが、舞台空間の魅力でもある。けれど舞台が撥《は》ねれば当然、小屋も取り壊される。すると舞台空間どころか、建築空間も虚像となる。たったの数日だけの舞台空間、そしてたった数十日の建築空間となる。ここ秋川の菅生では二年に一度、二つの虚像空間が生まれては消滅する。そしてそこに、虚像空間としての建築の〝あり様〟がある。

2　「腰掛小屋」浅草・浅草寺・伝法院／寄り付き処

◎立地　台東区、浅草寺伝法院庭園内
（庭園拝観、期間限定）
◎最寄　東京メトロ浅草駅
◎構造　木造平屋建て
◎屋根　檜皮《ひわだ》葺き
◎外壁　聚落《じゅらく》塗り

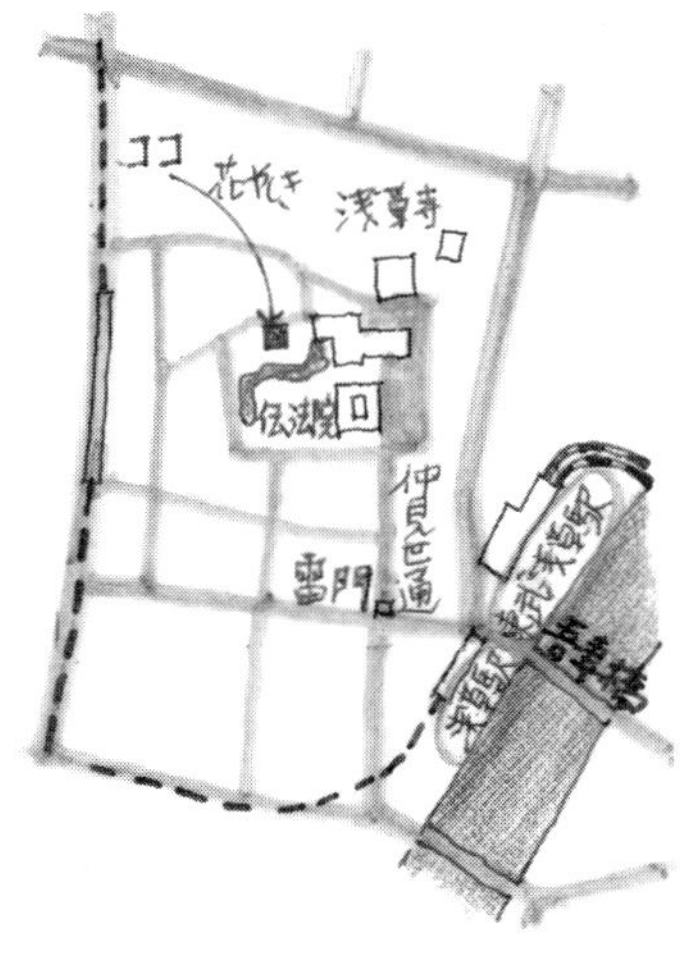

伝法院庭園

東京下町の観光地といえば、誰しもが真っ先に、浅草を思い浮かべるに違いない。確かに浅草は既に江戸の頃から、一級の観光地であった。しかもその中心に位置するのが、金龍山浅草寺《せんそうじ》である。そして、その境内の一角にあるのが伝法院《でんぼういん》である。伝法院は安永年間に造営された、浅草寺の本坊である。本坊は凡そ玄関、客殿、使者の間、大台所等で構成されている。そしてその伝法院に最近、回遊式庭園が広がっていることを知った。これまで全く知らなかった。そんな話、

小屋の正面から建物内部を見る

聞いたこともなかった。もちろん地元の年長者からも、耳にしたことがなかった。というのも普段庭園は、一般公開されていないからである。だから話も、広がらなかったのである。

最近その伝法院の庭園が、国から名勝庭園に指定され、一般公開されることになった。しかも庭園は、ここが浅草かと思う程、緑が豊富らしい。というのも、寺伝によれば庭園は小堀遠州の作と伝えられているそうである。そうと知った以上街歩きオタクとしては、放っておく分けにはいかない。このまま黙っていられない。この機会を見過ごす訳にいかない。そこで何はともあれ早速、見に出かけた。

腰掛

地下鉄銀座線の浅草駅で降りる。否、降りざるを得ない。というのもココは、終着駅だからである。けれど地下鉄で終着駅とは珍しい。だからホームの先は真っ暗闇である。しかし暗闇に向かって行っても仕方ないので、取り敢えず日向のある方へ出てみる。幸い外は、お天道様が照っている。有り難いことである。そこで観光客に倣い、まずは雷門を潜り、仲見世通りを抜ける。そして今日は申しわけ無いが、観音様には挨拶なしで観音堂の前を左に折れ、路なりに100m程歩く。するとやがて左手に、伝法院の正門が見えてくる。正門を潜り奥へ入ると、そこが庭園になっている。そして庭園の先は、露地へと繋がっている。また右手奥には、お茶室が建っている。見ると傍の立て札には「天祐庵」と書かれている。そしてそこには、次のように記されている。

『「天祐庵」は江戸天明年間に、茶人牧野作兵衛によって、表千家の千宗佐《せんのそうさ》邸にあった「不審庵《ふしんあん》」を模して建てられたもの。それを戦後になってから、五島慶太翁と浅草婦人会との尽力により、この伝法院の庭園内に奉納移設された』と。

因に「不審庵」とは茶匠少庵の形式を継承した、表千家《おもてせんけ》を象徴する茶室のことだそうだ。茶室は三帖台目の大きさ。そして床の間側の蒲《がま》天井と、それに直行する二つの駆け込み天井が交錯する地点の、曲がりのない中柱が特徴になっている。しかし残念ながら現在ある茶室は、一九一三年(大正二年)に再建されたものだそうである。

その「天祐庵」に向かう露地の手前に、簡素な小屋が建っている。周囲は木立に囲われている。小屋はこれから茶事《さじ》に臨むお客様のために、設けられている。いわば日常世界での穢《けが》れを落とし、気持ちを一旦新たにするためのものである。そこで露地造りでは、〝腰掛〟といわれている。茶室のための付帯施設であるから当然、数寄屋造りになっている。

ところで〝腰掛〟とはお茶に招かれた客が、亭主の迎付《むかえづ》けを待つ間、自分の身支度を整えたり、連れ客と待ち合わせたりするための施設でもある。ところが同じ〝腰掛〟でも、表千家では〝寄り付き〟、そして裏千家では〝待合い〟と言われているそうだ。つまり流派毎に、それぞれ異なった呼び名が付けられている。しかも更に大きい待合いのことを、〝腰掛待合〟というそうだ。何れにせよ茶道において〝腰掛〟は、露地の手前に構えるのが、しきたりとなっている。

するとこれは誰が何と言おうと、茶道のための小屋である。茶人が腰を掛けるために造られた小屋にちがいない。そこで、ここではこの小屋を「腰掛小屋」と名付け、改めてその建築的な魅力を探ってみることにした。

招き屋根

まずは小屋全体を見渡す。そしてその〝あり様〟を、じっくりと眺める。そこで気になるのが、屋根の形態である。形態が一風変わっている。というのも大概の木造の屋根形態は、そのほとんどが切妻である。そして、たとえ切妻でなくとも、精々寄せ棟や片流れである。というのも、切妻が最も経済的であり、しかも造りが単純だからである。要はその造作に、余分な手間を掛けなくてすむからである。そこで最後は誰が考えても、切妻に収斂していくのである。つまり合理的だからである。ところがこの「腰掛小屋」の屋根形態は、ちょっと変わっている。否、相当変わっている。形態は切妻でもなく、ましてや片流れや寄せ棟でもない。もちろん近代建築を象徴する、陸屋根のはずがない。

しかも屋根から続く軒の出が、左右異なっている。何とその断面形状が、〝へ〟の字型になっている。要するに他人《ひと》を招き寄せる、手の平の形をしている。つまりその断面の形が、お客様を招く形状になっている。その佇まいが自然と、お客様を茶室へ招いている。そこで建築用語ではこうした屋根形状のことを、〝招き屋根〟という。

「腰掛小屋」の間口は八尺程。小屋の間口としては広い。ところがその奥行きは、三尺程しかない。まさに奥行きは、小屋に相応しい幅になっている。ところが棟の高さに比べ、軒の出は大きい。三尺の奥行きに対し、壁から二・五尺も出ている。あまりにも突きでている。更に軒が低いため、背の高い人は、頭をぶつける恐れがある。だから首を屈まなければならない。それほどまでに、小屋の高さが押えられている。

けれど、こうした屋根形態であれば、余程の大雨が降らない限り、中に腰掛けていても雨に濡れずに済む。お客様にとっては、とても都合のよい高さでもある。しかし見た目は、どこか不格好である。外観に釣り合いが取れていない。歪《いびつ》なプロポーションになっている。だが、その不釣り合いな形態をより強調し、味わい深くさせるのも、数寄屋建築の面白さであり、そしてユーモラスなところでもある。

雨の流れ

そこで小屋の建築的魅力を探し出し、拾い集めてみた。屋根は檜皮葺《ひわだ》き。しかも中央部分が起《むく》

小屋本体から張り出た
〝招き屋根〟

り上がっている。つまり網笠状になっている。そんな門の形態を建築用語では、〝網笠門〟という。時に数寄屋建築の通用門に使われる。それ故、滅多に見かけることはない。それ位、珍しい屋根形態である。因に棟包みは銅板葺になっている。

そして軒の先端には半割り竹が取り付いている。竹は軒樋《のきとい》の役割を果たしている。しかも軒樋から棕櫚《しゅろ》縄がぶら下がっている。つまり空から落ちてきた雨は、檜皮葺きの屋根を伝わり、一旦軒樋で受け止められる。そして棕櫚縄を伝わり、雨水溝へと流れ込んでいく。しかもその溝には、那智黒石の玉砂利が敷き詰められている。そし

軒先の先端下部に配置された雨水溝

て雨水は下町の沖積《ちゅうせき》層へと染み入り、最後は隅田川へと流れ込んで行く。こうして「腰掛小屋」では屋根の形態から末端に至るまで、細かな配慮が行き届いている。単純な屋根形態にも、詳細な仕組みが組み込まれている。つまりここでは、雨の流れが可視化されている。

屋根は五本の丸太柱で支えられている。柱には出節《でぶし》丸太が使われている。しかも玉石の上に、直接立てられている。こうした柱の建て方を建築用語では、〝木端《こば》立て〟という。つまり「腰掛小屋」は江戸の頃から受け継がれている、和小屋の伝統工法で造られている。また壁は聚落塗り。腰は杉の皮葺き。竹で押えられている。そして小屋の内部は三方が壁で囲われ、庭園側だけが開放されている。しかも左壁には下地窓、右壁には覗き窓が取付けられている。また天井は化粧丸太の上に、ヨシズが乗っけられている。もちろんヨシズは落ちないよう、化粧竹で押えられている。

そしてもちろん小屋の内部には、ちゃんと腰掛が設けられている。当然である。ところが腰掛は一本の上がり框《かまち》と、その座板部分には化粧板が張ってあるだけである。粗野な造りになっている。そのため普段は、使用が禁止されている。それゆえ今は、腰掛けることが出来ない。もし座ることができればきっと、回遊式庭園が目の前に広がっているはずである。否、そうであるに違いない。

こうして「腰掛小屋」の前には、落ち着いた回遊式庭園が広がっている。しかも緑豊かな庭園を、座って眺められるよう配置されている。そして晴れた日には、東京スカイツリーも良く見える。こうしてスカイツリーと浅草寺の五重塔が、並んで見えるのは、ここ伝法院庭園だけである。如何に広い東京でも、ここだけである。ここは東京の別天地。周囲の喧噪が嘘のようである。何れにしろ「腰掛小屋」は、こうして伝法院の庭園のなかで、簡素で落ち着いた佇まいを見せている。

3 「孔球小屋」

荒川河川敷・新東京都民ゴルフ場／休憩所

◎立地　荒川区新田一丁目、
　　　　荒川河川敷右岸
◎最寄　環七新田バス停
◎構造　鉄骨造平屋建て
◎屋根　波形鉄板葺き
◎外壁　合板ペイント塗装

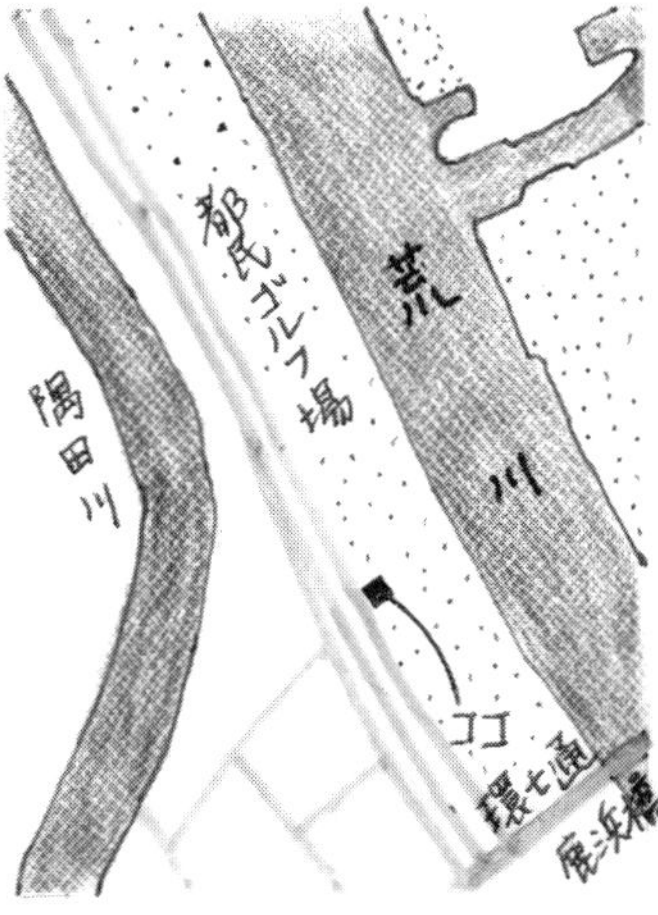

河川敷ゴルフ場

　ＪＲ赤羽駅で降りる。今日は東京の最北端、赤羽の町を歩くことにする。駅前は相変わらず賑わいを見せている。東口のスズラン通りを抜け、まずは東に向かって歩く。すると自然に、路地裏に入り込む。近くには荒川と新河岸川が、捩じれるように流れている。だから、とにかく橋が頼りである。この街を歩くには橋がないと、先には進めない。そのため歩くルートが限られる。しかも新河岸川は下流では、その名を隅田川に変えていく。だからこの辺りは、とにかくにも

緑（背面）と黄色（妻面）に塗り分けられた外壁面

話も流れもややこしい。
　新河岸川には志茂橋が架かっている。橋を渡るとすぐ右手に、荒川知水資料館が見えてくる。ここには荒川の自然や歴史に関する、数多くの資料が展示されている。しかし今日は知水資料館のある中洲を経由し、新岩渕水門を通り抜け、更に荒川の右岸に渡る。すると目の前には、広大な河川敷が広がっている。「ここが本当に東京の街？」と思う程の雄大な眺めである。いくら東京の街が広いとはいえ、これ程の眺めを味わえる場所は確かに他にない。だから、もっと荒川を歩きたくなる。気ままに、土手をブラつきたくなる。しかしここは東京でも、最も北のはずれ。すでに対岸は埼玉県。けれど誰が何と言おうと、まだ東京の街である。しかもこちらの河川敷は、何とゴルフ場になっている。だから「新東京都民ゴルフ場」という名がついている。そしてその隅に、小さな小屋が建っている。否、何となく置かれている。そこはアウトコース一番ホール、ティーグランド前である。だから小屋の中には、休憩用の椅子とテーブルが散在している。ゴルフとは、孔に球を入れるまでの打数を競う競技である。そこでは、打数の少ない者が勝者となる。そのため表向きは、他者との戦いのようにみえる。しかし競技の最後は、自分との戦いになる。自らの精神力との戦いとなる。だから競技に挑む前には少しでも、はやる気持ちを落ち着かせたい。普段の冷静な気持ちを、取り戻しておきたい。そのためプレイヤーとしては、気持ちを落ち着かせる場が欲しい。そうした施設が是非とも欲しい。そこで、そんなプレイヤーの要望に応えて設けられたのが、この小屋である。

するとこれは誰が何と言おうと、ゴルファーのために造られた小屋である。ゴルファーのために、ゴルフ場側で用意した小屋にちがいない。そこで、ここではこの小屋を「孔球小屋」と名付け、改めてその建築的な魅力を探ってみることにした。因にゴルフのことを日本語では、〝孔球〟というそうだ。

深緑と黄色

まずは小屋全体を見渡す。そしてその〝あり様〟を、じっくりと眺める。そこで気になるのが外壁の色である。背面は深緑、そして妻側は黄色に塗られている。見事な原色の組み合わせである。ところで、ここは確かゴルフ場。すると深緑色は、きっと芝生をモチーフにしているに違いない。とすればもう一つの黄色は、何をモチーフにしているのか。色に特別な意味があるのか。

緑一色の背面壁

疑問が湧いてくる。すると芝生も所詮は植物。ならば始めは緑色でも、枯れれば何れは黄色くなる。何の不思議もない。だから壁の色も黄色く塗られた。おそらくそうした考えで、壁の色が塗られた。多分そうである。否、きっとそうである。そうであるに違いない。結局そんなこんなで「孔球小屋」の外壁は、深緑色と黄色の二色に彩色されている。

ところで有名建築に関わる原色の壁といえば、世界の巨匠ル・コルビュジエが設計した建物が思い浮かぶ。建物は「コルビュジエ・センター」である。それは二つの傘で被われた、特徴ある建物である。しかも互いの傘が、上下が反転している。一つは水平そしてもう一つには、勾配が付いている。しかも勾配の傘に包含された箱が、緑、黄、赤、白等、何種類もの原色で塗り分けられている。建物は始め、とある画商の住まいとして建てられたそうだ。ところが展示会や集会などの用途にも適していたため、その後はスイスのチューリッヒで、展示施設として運営されているようだ。

するとこの壁色の取合いも多分、「コルビュジエ・センター」に倣《なら》ったかもしれない。否きっと、当作品をつぶさに観察し、イメージを膨らましたに違いない。するとこの小屋は、まさにコルビュジエ作品そのものである。

こうして長手一面の外壁と短手一面の外壁は、共にベニヤ板に彩色されている。そして残りの長手一面は、全面的に開放されている。もちろんソコは、これからコースへと向かう、プレイヤーのための出入り口になっている。ところが残った短手一面は、木製枠が打ち付けられ、そしてビニールシートで塞がれている。しかもその取付け方が、あまりにも簡便である。どう見ても、後から取り付けたように見える。するとこの短手面は始め、どうも開放されていたようである。

ところが冬の荒川河川敷には、北西からの風が吹き付ける。関東の空っ風が吹き狂う。しかも、その冷たさは半端じゃない。身体の芯まで染みわたる。だからプレイヤーは少しでも、身を寒さから守りたい。身を暖めたい。最悪、気休めでも構わない。北風を防ぐ隔てが欲しい。そこで「休憩小屋」の短手面は、急遽寒さ対策用のビニールシートで塞がれたのである。

屋根の段差

そこで小屋の建築的魅力を探し出し、拾い集めてみた。そしてその全体を、じっくり観察した。軸組みはパイプ足場で組み立てられている。柱は八本、そして夫々に同じパイプの梁が渡されて

ビニールシートに被われた西側妻面

いる。また妻側の壁は、ブレースで補強されている。しかし軸組みは、どう見ても安普請である。建て方は安易である。正規な造りではない。だから、普段気にならない処まで目に付いてしまう。細かな事まで気になってくる。

屋根は波形の透明アクリル板葺き。しかも順序よく、同じ材料が屋根を被っている。そのため一見では、小屋全体が一体に見える。ところが良く目を凝らして見ると、屋根が途中で波打っている。少しばかり中央が持ち上がっている。そこでその接続部分を注視してみる。改めて近寄って見る。すると軒の高さが、左右違っている。軒にわずかな段差がついている。だから屋根にも当然、段差がついている。どうもコレは、建物を増築した際に生じた段差のようである。否きっと、そうであるに違いない。だからソコに、確かに増築の跡が見てとれる。アクリル板が重なっている。しかもそのアクリル板を支える、垂木の高さも違っている。すると一棟に見える建物も、建築的には実は二棟の建物で構成されていたことが分かる。つまり「孔球小屋」は二つの小屋が繋がった、増築建物である。けれど、小屋を建てた順序が分からない。高い棟が先なのか、はたまた低い棟が先なのか見当が付かない。前後関係が分からない。結局「孔球小屋」の順番は、未だ不明のままである。しかしこの小屋が、二つの棟から成り立っていることだけはハッキリした。しかも異なる高さの屋根を無理矢理、一体化したことも分かった。だからそこに、構造的且つ形態的な矛盾が出ていることも分かった。ところがその微妙な高さの違いが、逆に形態の面白さに繋がっている。わざわざ整えた形を崩して、新しい形を生み出している。つまりこれこそ、矛盾の美学である。

東大寺三月堂

そこで造形美に関する話である。こうした矛盾を逆手にとり、これまでにない造形美を表現した日本建築がある。それは奈良東大寺の「法華堂」である。俗に、「三月堂」ともいわれている。ところで「法華堂」は一見、一棟のように見える。ところが建築的には、二つの建物が合わさって成り立っている。つまり建物は、二棟から構成されている。結局二つの建物を、わざわざ一棟に見せている。西面に向かって左側が本堂、そして右側が礼堂である。本堂は天平時代、そして礼堂は鎌倉時代に建立されている。内部には十体の仏像が建ち並び、そこには曼荼羅の空間が展開されている。参拝者に親しみを与える建築でもある。

「法華堂」が増築建物ならば、当然そこには異なった二つの屋根形態が生じる。異質な屋根の取合いが生まれる。今、本堂の屋根は寄せ棟、そして礼堂の屋根は入母屋になっている。しかも寄せ棟に、入母屋がぶつかっている。つまり矩形型した寄せ棟の屋根に、T字型した入母屋の屋根が乗っかっている。そのため接続部分では、お互いの屋根の高さを変えてある。新旧屋根に段差を付けている。入母屋の棟の高さを寄せ棟の棟の高さより、ほんの僅か高くしてある。ところが外観の軒先の高さは揃って見える。つまり、強引な納め方をしている。常識とは外れた納め方をしている。しかしその屋根形態が、何故か昔の屋根形態を偲ばせる。思い巡らさせる。屋根の取合いに、他にはない特長を発揮している。そしてソコこそがこの建物の、魅力となっている。いわば、奔放な遊び心で造られているからである。まさに「法華堂」は、日本建築における増築建物の最高傑作である。

こうして日本建築は昔から、遊び心で造られている。歴史的に遊び心を持ってきた。だとすれば当然現代でも、遊び心で造られる建物があっても良い。ここは都民の遊び場。するとこの「孔球小屋」も、奔放な遊び心精神による建物といえそうである。

4　「水門小屋」 荒川・旧中川／小名木川排水機場

◎立地　江東区東砂二丁目、荒川右岸
◎最寄　都営新宿線・東大島駅
◎構造　鉄骨造平屋建て（現存せず）
◎屋根　アルミ板瓦棒葺き
◎外壁　サイディング板貼り

小名木川

小名木川は家康が江戸入り直後、正塩の産地行徳から、物資を江戸へ運ぶために掘削された。結果、東の中川と西の隅田川とが運河で結ばれた。そしてそこには、多くの船舶が行き交った。だから、江戸の物流も増大した。しかし物が流れれば世の中全て、丸く納まる分けではない。そこでは当然、舟の運行を取り扱う必要が生じてくる。又、行き交う船舶を差配する、人の配置も必要となる。すると当然、人が駐在する舟番所も必要となってくる。だから旧中川との合流地点

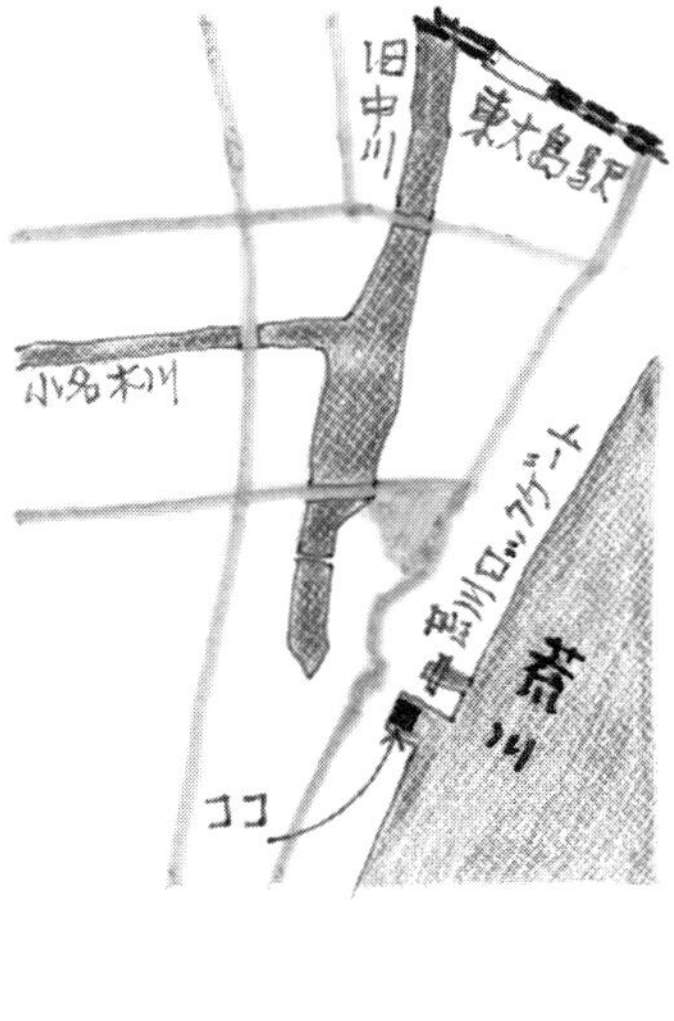

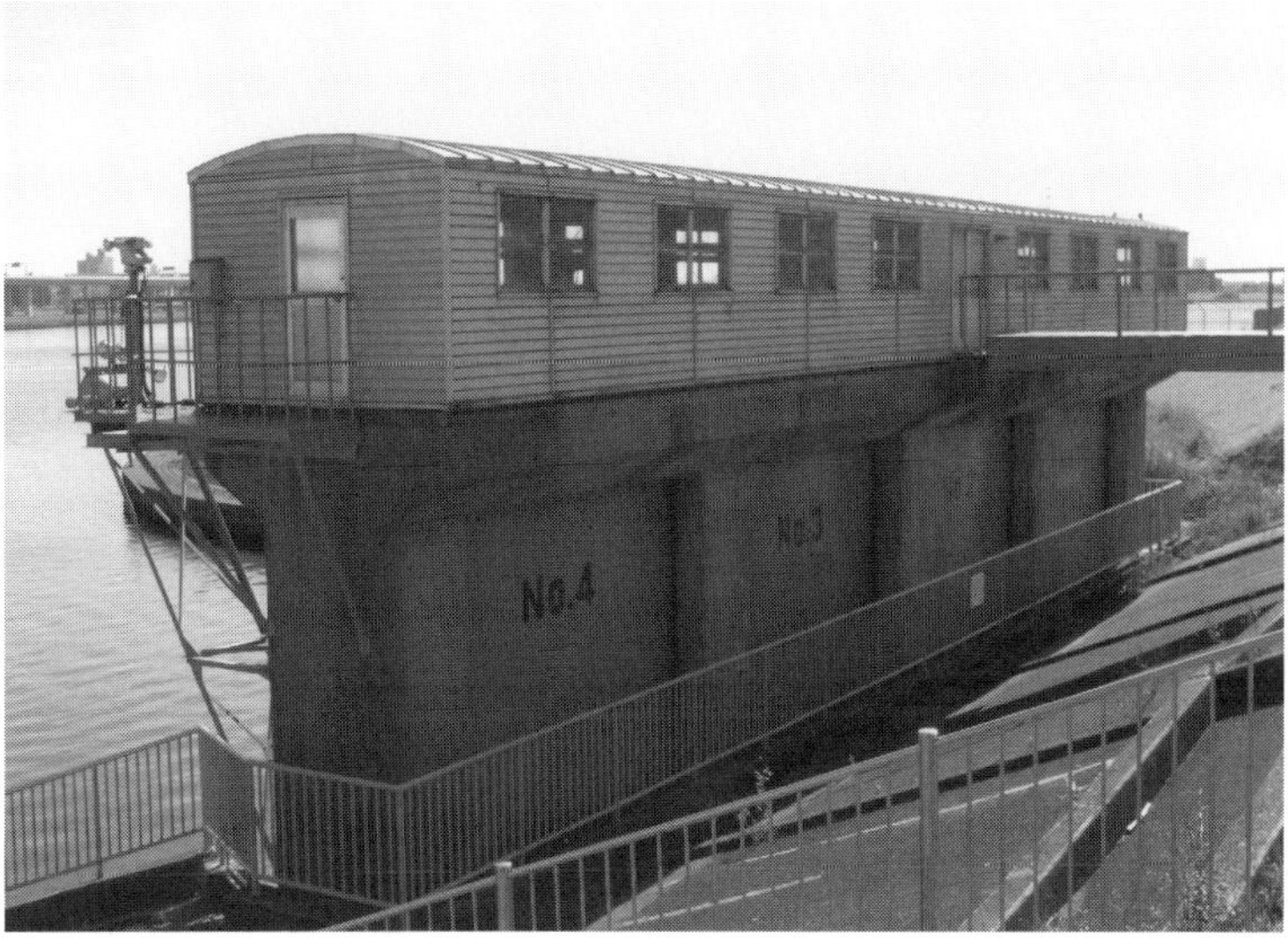

お立ち台が張り出した北側妻面

に、舟番所が置かれた。それが中川番所である。

　穏やかな日差しの中、小名木川に沿い、江東区の大島から、中川に向かって歩く。辺りは今でも、江戸の雰囲気を漂わせている。江戸の情緒を醸し出している。ところが川岸は、既にコンクリートで固められている。護岸整備は徹底されている。今や防災対策は、完了している。その所為《せい》もあり、思っていた以上に運河の川幅は広い。けれど流れは淀んでいる。濃緑色に濁っている。ところが川面には、多くの釣り人が糸を垂らしている。そんな太公望を尻目に、のんびりと川岸を歩く。

　すると前方に、小さな橋が見えてくる。橋は何の特徴もない、ただの鉄骨の平橋である。しかし昔ここに番所があったため、「番所橋」という名がついている。そして小名木川は橋を過ぎた辺りで、旧中川と合流する。そこに中川大橋が架かっている。その中川大橋を渡り土手を上る。すると目の前に、荒川の広大な河川敷が広がっている。そして先には、雄大な流れが見えている。まさしく荒川は我が物顔で、東京下町を貫通している。

　ところで現在、今の荒川は昔から、東京の下町を流れていたように思われている。ところが明治の末この辺りはまだ、一筋の流れもなかった。凡そ10年の歳月をかけ荒川は掘削された。つまり荒川は、人工の川であった。だから以前は〝荒川放水路〟と言われた。ところがその流れが、それまでの中川の流れを分断した。そのため中川は、とぎれとぎれになった。そこで、旧江戸川までの新たな流れを掘削した。そこで出来たのが、今の〝新中川〟である。だから元の中川はその名を、〝旧中川〟と変えた。その結果、旧中川は一旦荒川と分かれ、再び下流で交わることになった。だからこの辺りは全て、川で囲われている。そして〝旧中川〟は、未だに取り残されたままになっている。

水門小屋

　荒川の土手を、東京湾に向かって歩く。すると前方に、巨大な構築物が見えてくる。通称〝荒川ロックゲート〟といわれてる門型をした閘門《こうもん》である。いわば閘門とは運河などの水量を調整し、水面を一定させるための堰のことである。つまりこの辺りは、旧中川と荒川の水面の高さが異なるため、この〝荒川ロックゲート〟を設けることにより、水位調整を行っている。

　そして閘門の直ぐ先に、今度はコンクリートの固まりと強固な鉄扉の水門が見えてくる。ところがその固まりは、土手に接していない。土手から少し離れている。そのため小屋まで、デッキが渡されている。そして強固な固まりの上に、銀色の細長い小屋が乗っかっている。固まりを土台に、平然と建っている。土台の全てを占領している。だから佇まいが、厚かましくも見える。というのも小屋の幅に対して長さが、如何にも間伸びして見えるからである。

するとこれは誰が何と言おうと、水門のための小屋である。水門を管理するために造られた小屋に違いない。そこで、ここではこの小屋を「水門小屋」と名付け、改めてその建築的な魅力を探ってみることにした。

この辺りは以前、いわゆる江東デルタ地帯と言われた処。そして東京の街が嘗て35区に分かれていた頃は、城東区と言われていた地区である。確かに隅田川と荒川の、二つの流れに挟まれた土地である。そのため以前は台風に襲われると、度々洪水に見舞われた。だから荒川からの逆流を防ぐため、旧中川との接点に「水門小屋」が設けられた。通称〝樋管ゲート〟と言われているそうだ。ところがその〝水門〟も土木用語では、目的や用途に応じ、細かく分類されているそうだ。つまり土木技術上ではこの〝樋管〟も、幾つもの〝水門〟の一つに過ぎないようである。

いわば〝樋管〟というのは堤防を貫通し、用水流入や内水排除を行う暗渠のことである。だから〝樋管〟にも当然、ゲート設備が必要となる。つまり「水門小屋」は〝樋管〟のためのゲート設備なのである。そこで「水門小屋」は、〝樋管〟を維持管理するための施設となっている。因に水門は昭和44年に竣工している。

「水門小屋」の基礎断面はY字型になっている。もちろんコンクリートで造られている。しかし土台ではない。そこには№.1から№.4までの、開口が開けられている。そして開口には鉄扉が嵌っている。そのため小屋の中には、鉄扉を持ち上げるためのローラー装置や、配電盤等が備え付けられている。現在「水門小屋」は、東京都江東治水事務所の管理下にある。そこで職員は、毎日の定期運転や点検整備等の、平常時の活動に余念がないそうだ。というのも「水門小屋」は下町の人間にとって、切っても切れない存在だからである。

ヴォールト屋根

まずは小屋全体を見渡す。そしてその〝あり様〟を、じっくりと眺める。そこで気になるのが、その既舎《うまや》風の屋根である。直方体の固まりの上に、ヴォールト屋根が被さっている。まるで鰻の寝床である。そこでヴォールト屋根についてである。ヴォールトとは平面的なアーチを画面に対して垂直に移動させ、その軌跡をそのまま立体にした形態のこと。つまりアーチでは二次元形態のままだが、ヴォールトの考案により、三次元の立体まで建設可能となった。そこで柱のない空間を確保できるようになった。それ故ローマ時代以降の教会建築には、多くのヴォールト屋根が用いられた。因に日本語では、ヴォールトのことを穹窿《きゅうりゅう》と言うそうだ。

屋根はカラー鋼板瓦棒葺き。そして外壁には、銀色のカラー鋼板サイディングが貼られている。また土手側の中央部には出入り口、そして左右にそれぞれ四ヶ所の、十文字型のアルミ窓が取り付いている。ところが小屋の内部を覗いて見ても、内《なか》が区切られた様子がない。一切の間仕切り壁もない。あるのは制御設備機器だけである。そのため小屋全体が一室になっている。そこで小屋の選定基準として、幾つかの条件が考えられる。その一つに、一棟一用途というのがある。つまり小屋の用途は一つに限られている。始めから幾つもの用途があっては、小屋とはならない。小屋の条件には当て嵌まらない。するとこの「水門小屋」はまさにその条件を、完全に満たしている。

お立ち台

そこで小屋の建築的魅力を探し出し、拾い集めてみた。妻側にはお立ち台が付いている。ところがお立ち台は上流側だけで、下流側には付いていない。つまり小屋の形態は、左右対称になっていない。多分お立ち台は、上流からの川の流れを監視するために取り付けられたと思われる。すると、流れの監視装置かもしれない。

ところで建築のお立ち台にはこれまで、実に深い意味が秘められている。というのも1920年代に作られた欧州の名立たる計画案には、幾つものお立ち台が描かれているからである。つまりドイツやイタリアが、ファシズム体制へと、まっしぐらに突っ走っていた時代である。しかも、それを止める人間は、誰もいなかったのである。そのため国家主導者と国民が共に一体となり、時代は熱気に酔いしれる建築を求めた。そして多くの建築家も、その流れに従った。迎合した。だからお立ち台は、国家の主導者が国民の感情を高める場として、とても重要な役割を果たすこととなった。つまりお立ち台と建築との間には、本体の建築を引き立てる、より深い関係性があったからである。

土手から入り口に繋がるデッキが付いた西側面

当時欧州では、構成主義あるいは合理主義といわれる、新しい建築デザインの流れが起こり始めていた。しかもイタリアには、合理主義とファシズムとを融合した、ジュゼッペ・テラーニという名立たる建築家がいた。そしてやはり彼も、リットリオ宮の第一次設計競技案において、広大でしかも均一な壁面から、たった一つのお立ち台が飛び出た計画案を提案した。因にリットリオ宮とは、ファシスト党最高機関の、ローマ中央本部のことである。

一方、日本のお立ち台といえば何といっても、バブル華やかりし頃のディスコである。当時のお立ち台は、いわばディスコの象徴であった。台の上ではワンレン・ボディコンと言われた若さ溢れる女性達が踊り狂っていた。熱気に酔いしれていた。だからここでもお立ち台は、熱気を煽《あお》る装置と化していた。するとお立ち台には、ある種の秘密が隠されているのかもしれない。そのもの自体に、幾種類もの熱気を誘発する魔力を内蔵しているのかもしれない。そんな魔力が潜んでいるかも知れない。そしてここ「水門小屋」ではそれは、どんな魔力か。〝荒ぶる川〟といわれる荒川を、再び怒り狂わせる魔力だろうか。もちろん下町では、金輪際そんな魔力はお断りである。荒川が再び暴走しないことを、ただ祈るばかりである。そのためこの「水門小屋」は耐震補強のため、２０１７年に解体されている。

5　「厠屋小屋」伊豆大島・波浮の港／公衆トイレ

◎立地　伊豆大島、波浮の港
◎構造　木造
◎屋根　日本瓦葺き
◎外壁　モルタル吹付け塗装
◎腰　　瓦タイル　海鼠《なまこ》壁

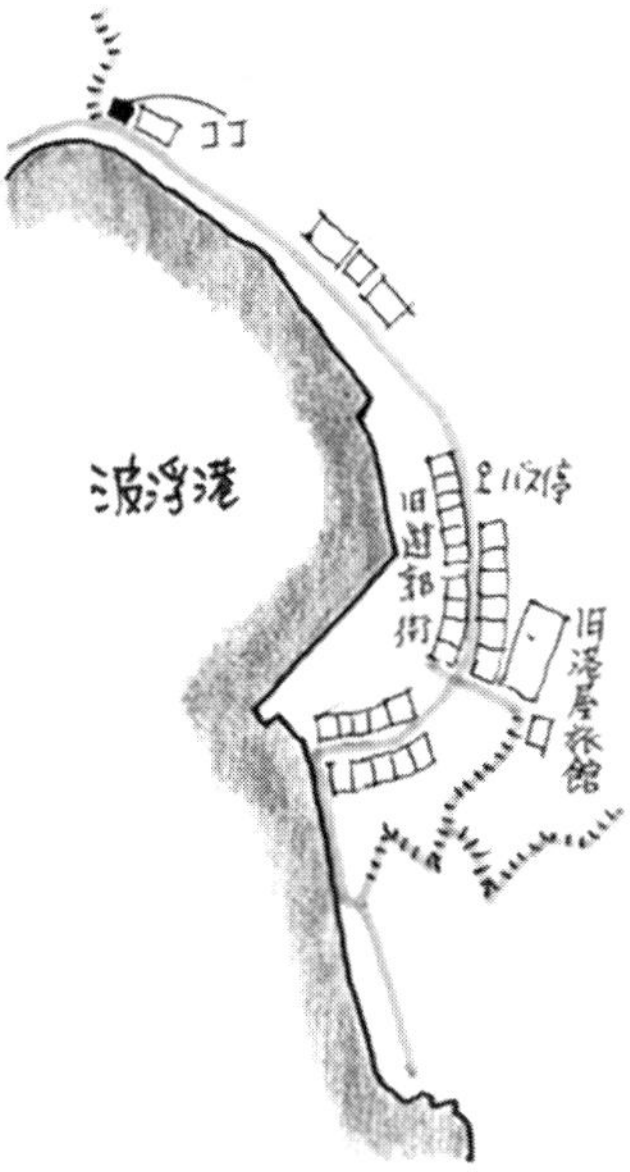

幻の公衆便所

近年、東京の街中《まちなか》で、すぐ目に付く小屋といえば、何といっても公衆トイレである。都心ならばもちろんのこと、一寸離れた住宅地でさえ、小公園には必ず公衆トイレが完備されている。至る所で公衆トイレが整備されつつある。だから容易に、見つけることができる。街歩きするには、とても大助かりである。ところが一寸前の東京では、街中に公衆トイレを見つけること事態が相当困難であった。至難の業だった。というのも近代都市と言われていた東京の街中でさえ、施設の数が足りなかったからである。集中する人口に、対応できなかったからである。しかも当時の公衆トイレには、不潔で暗いイメージが付きまとっていた。近づくことさえ躊躇《ためら》われた。ところが近年その不潔で暗いイメージは、完全に払拭されている。しかも最先端の建築的デザインが施されている。そこにはモダニズムあり和風あり、メルヘンチックなトイレまである。街中の公共空間に、自由な発想の公衆トイレが増えつつある。そしてもちろんそこには、最新鋭の衛生設備が取り付けられている。しかもユニバーサル対応可能な多目的トイレも増え始めている。だから公衆トイレは今や街中の、小屋の代表格ともいえる。ところがいざその中で、建築的に魅力ある公衆トイレを探そうとしても、ことはそう簡単ではない。沢山の中から探し出すのは、これまた至難の業である。

そこで話は急に飛ぶ。同じ東京でも、南海に浮かぶ伊豆大島の話である。しかも時代は凡そ半世紀前のことになる。思い起こせば東京の街はその頃、まだ高度経済成長の真っ盛りであった。だから、街の至る所で興隆の槌音が鳴り響いていた。しかしそんな発展段階の東京でさえ、街中に、社会基盤の中枢を成すべく下水道設備は、普及していなかった。まだ大半のトイレが汲取だった。いわば和便器のドッポン便所だった。洋便器など、とても考えられなかった。

そんな時代に何故か職場の慰安旅行で、大島観光に出掛けた。しかも島の南端、波浮の港まで出向いた。というのも当時の波浮の港はまだ、観光地として魅力があったからである。観光地としての余韻が残っていたからである。ところが現地に着いて驚いた。それは大島の外れの港、しかもその波浮の港の護岸に、公衆トイレがあったことである。何せそんな辺鄙な処に、公衆トイレが完備されていたのである。しかも驚いたことには、何とその大便器が、洋式便器だったことである。更に水洗式だったことである。どうしてこんな場末の港町に公衆便所があるのか、しかも洋式便器が備え付けられているのか、とても不思議に思えた。奇妙な感覚さえ覚えた。と言うのも当時の波浮の港は既に、時代の流れから取り残されていたはずである。又当時は東京の街中でさえ、まだ洋式便器など珍しい時代である。そんな波浮の港の護岸に、洋式便器が据え付けられていたのである。そのことは今でも鮮明に憶えている。決して忘れる事はない。けれど、はっきりしていることはそれ以来今日まで、半世紀近い年月が過ぎ去っていることである。

遊郭の街並

そこで再び、昔の記憶を呼び戻したくなった。今の波浮の港の状況を確かめたくなった。そこで早速、波浮の港を訪ねることにした。東京の海の玄関口竹芝桟橋からジェット船に乗り、一路伊豆大島の岡田港へと向かった。それからバスを乗り継ぎ、漸く現地に辿り着いた。既に辺りには、夕闇が迫っていた。

波浮の港は島の南東に位置している。けれど、以前入江の中は火口湖だった。それが１７０３年の元禄大地震で東南の岩盤が崩れ、それまでの湖と海が繋がった。そして１００年後には港も整備され、１８００年には波浮港となった。以来港は沿岸漁業の中心地として栄えた。見れば確かに港の外周は山に囲まれ、風を除けるには絶好の地形になっている。だから昭和30年代前半までは、全国各地から漁船が集まり、近海漁業の基地として賑わいを見せた。

昔の遊郭の様子が垣間見られる湾曲した街並

以降港は色町として発展し、今も街並は海岸線に沿って湾曲し、弓なりに連なっている。そのため先が見通せない。だから一層、期待感を抱かせる。通りには木造三階建ての民家が点在し、随所に意匠を凝らした手摺や雨戸が垣間見える。至る所に旧遊郭の名残が残っている。

そこで、通りから台地へと繋がる階段を登る。すると折れ曲がった階段の一角に、往時を偲ばす旅館が残っている。昔のままの姿で建っている。旧港屋旅館である。建物は木造三階建て。明治時代に建てられ、その後大正時代に増築された。今施設は、一般にも公開されている。そして更に急な階段を登っていくと、丘の上には古い屋敷町が広がっている。この一帯は昔、港の政治経済の中心となっていたようだ。しかもその中核に位置していたのが旧甚ノ丸邸である。だから外壁には、伊豆石や海鼠《なまこ》壁が多用されている。ふと百年前にタイムスリップした錯覚を覚える。

厠屋小屋

丘の上の屋敷町を散策した後、再び同じ急峻な階段を下り、漸く港の護岸に辿り着く。昔、公衆トイレのあったと思われる処である。けれど何処にも、記憶を呼び戻す材料が見当たらない。痕跡すらない。結局、何の発見も出来ない。一方護岸から一筋離れた道路際に、それらしき小屋が建っている。しかも入り口が分かれている。そしてそれぞれに、男女のサインが表示してある。ならばこの建物は、公衆トイレである。否どう考えても、公衆トイレに違いない。

するとこれは、厠屋《かわや》としての小屋かもしれない。否、これは誰が何と言おうと、厠屋のために造られた小屋に違いない。そこで、ここではこの小屋を「厠屋小屋」と名付け、改めてその建築的な魅力を探ってみることにした。

見ると小屋の前には、大きな石が二つ転がっている。けれどどう考えても、通行の邪魔である。誰もが直ぐに退《ど》けて欲しいと思う。だから始めは何でこんな所に、こんな石があるのかと思った。不思議に思えた。そこでその理由《わけ》を考えた。するとその小屋は、道路の曲がり角に建っている。しかも道路際ギリギリに位置している。しかも路幅は狭い。すると車が曲がり切れず、突っ込んでしまう恐れがある。そのまま小屋にぶつかる恐れもある。そこで急遽予防措置として小屋の前

現在ある蔵造り風の厠屋小屋

に、衝突防止用の石が置かれたようである。

　ここで漸く「厠屋小屋」本体の話である。その平面形態は男子用と女子用とに分かれている。トイレとしては当たり前の間取りである。けれど多目的トイレは付いていない。近年公衆トイレには、多目的トイレがあるのが当然と考えられている。その多目的トイレがない。というのも竣工時には、まだ時代が要求していなかったのである。けれど昨今の身障者や高齢者には、いささか利用しにくい施設であることは確かである。因に現在取付けられている衛生設備は、男女それぞれ手洗器二箇所、洋便器一箇所、和便器一箇所、そして男子トイレに小便器二箇所である。いわば一昔前の、設備機器が付けられている。それでも洋便器ブースだけは、車椅子の利用可能なスペースが確保されている。

　そこで小屋全体を見渡す。そしてその〝あ

外壁に付けられたシャワー設備と目隠し用の大和塀

り様〟を、じっくりと眺める。外観は純和風の蔵造り。そして建物本体を切妻の屋根が覆っている。和風のイメージを、そのまま建ち上げた形態である。だから屋根には日本瓦が乗せられ、腰には瓦タイルが貼られ、そして海鼠壁が廻っている。つまり外観は、昔の街並に合わせている。

そこで気になるのが、外壁から突起している金物である。二口だけ付いている。金物は洗体用のシャワーヘッドである。ここには街中の公衆トイレではちょっと考えにくい、異質な設備が取付いている。海に面した伊豆大島ならの、衛生設備が付けられている。つまりそれはシャワー設備である。すなわち船舶利用者に対する、ちょっとした気配《くば》り装置である。しかも港からの視線を防止するため、港側には目隠し壁も取り付けられている。そしてそのデザインも和風にあやかり、木製の大和塀になっている。

そこで後日、地元の名士である大島園芸の金子氏に、昔の公衆トイレの話を伺った。すると以前の公衆トイレは、確かに港の護岸にあったそうだ。そして、水洗式の洋便器が設置されていたのも間違いではなかった。というのも昭和八年には既に波浮の港に、上水道が敷設されていて、水洗式設備に対する備えは、万全だったようだ。しかしその公衆トイレが波浮の港の護岸から、いつ無くなったかは、全くはっきりしていない。いまだ不透明のままである。

「波浮」という名の由来

ところで「波浮」という名は、一寸変わっている。〝波〟が〝浮〟く、と書く。そこで、地名の由来について調べてみた。古代、伊豆地方を治めていた三島の神が、伊豆の島々に后を置いていた。その神社の御祭神が「はふ大后」である。確かに今も港の口にあたる場所には、波布比咩《はぶひめの》命《みこと》神社がある。だから平安の中頃この地には既に、「はふ」という名があったようである。すると「波浮」という名は、どうも神社の流れからのようである。

ところで帰路は、大島空港からジェットプロペラ機に乗り、東京は西の街、調布空港に向かって飛び立った。そこで知らぬうちに東京の南の島と西の街が、繋がっていた。

6 「子供小屋」 板橋・石神井川／キッズ・ハウス

◎立地　板橋区、石神井川右岸
◎最寄　ＪＲ埼京線・十条駅北口
◎構造　木造平屋建て（現存せず）
◎屋根　樹脂製
◎外壁　木製

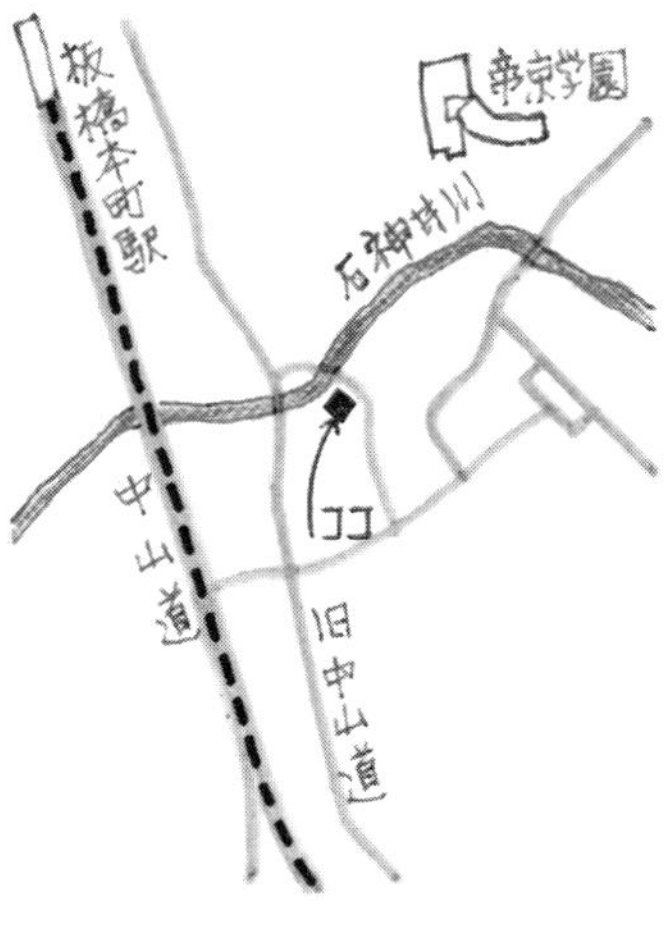

神田川

ＪＲ埼京線、十条駅で降りる。改札口はホームと同じ高さになっている。だから改札口を出れば、すぐそこが地上である。近年、多くの鉄道駅が橋上駅に改修されていくなか、未だにここ十条駅は地上駅である。そのため上り下りすることなく、直接ホームから駅前に出られる。とても乗り降りが楽である。これ程高齢者にとって、優しい駅はない。けれど改札口と駅前広場とには、若干の段差が付いている。

出窓のある子供小屋を俯瞰する

取り敢えず北口を出て、当て所もなく南の方角へ向かう。辺りは下町でもなく、かといって山の手でもない、雑多な街並が続いている。何とも特徴のない街でもある。そして何度か路地を曲がると、石神井川にぶつかる。川の流れは武蔵台地を切り刻み、渓谷をつくり、しかも畝《うね》っている。渓谷は雄に10mを越えている。川岸には桜並木が続いている。そしてそこは、ジョギングコースにもなっている。何とも明媚な風景である。そしてその流れの行く先は江戸の町、隅田川へと繋がっている。

そこで右岸を上流へと向かって歩く。辺りには住宅街が広がっている。すると、とある住まいのお庭に置かれた、小さな小屋が目に止まる。片隅に大事に置いてある。とても可愛い小屋である。小さな庭と小屋のスケールが、一致して見える。

するとこれは、子供用の遊具として考えられた小屋かもしれない。否、これは誰が何と言おうと、子供達が遊ぶために造られた小屋に違いない。そこで、ここではこの小屋を「子供小屋」と名付け、改めてその建築的な魅力を探ってみることにした。

まずは小屋全体を見渡す。そしてその〝あり様〟をじっくりと眺める。そこで気になるのが、その可愛さである。形態が、あまりにも可愛いのである。だから始めは、ここの御主人の手作りかとも思えた。いわゆる日曜大工による、お宅作品かと考えた。というのもあまりにも出来が上手で、見れば見るほど可愛いく、出来ているからである。そこでこの家の奥様に、その詳細を伺った。すると予想に反して小屋は、御主人による手作り作品ではなかった。それは大型会員制倉庫店が販売する、〝キッズ〟と称する専用用品であった。いわば子供を対象とした組み立て商品だった。

ところで大型会員制倉庫店とは、アメリカはカリフォルニア州発祥の、輸入商品を扱う会員制店舗のことである。したがって店舗では日曜大工品を始めとして、家具、家電、服、そして子供のオモチャまで、ありとあらゆる商品を扱っているそうだ。いわば不特定多数を対象とせず、販売対象を絞った倉庫型店舗のことらしい。だからその経営哲学は、「常に経費を節約し、その分を会員の皆様に還元する」ことだそうだ。日本にも既に十数年前には進出し、現在も全国に新店舗を展開中とのことである。

つまり会員に登録しなければ、どんな素敵な商品も、手に入れられないシステムとなっている。逆に会員登録さえすれば、どんな製品も手に入れられる。だから「子供小屋」のような〝キッズ〟なら、いつでも簡単に手に入る。そこで近年は、病院の待合室や保育園でも、子供達相手の〝キッズ〟が多数利用されているそうだ。なるほどこうした街中においても、これまで知ることのできなかった、〝キッズ〟お宅による世界があることを、垣間見れた。

「子供小屋」は、組み立て式であった。いわば〝キッズ〟の寄せ集めである。結局、手作り作品ではなかった。大いなる勘違いであった。けれどこの家のご主人が、休日を返上し、完成させたモノであることに違いはない。そして子供達も毎日、小屋で楽しんでいるそうだ。だからこの小さな庭は、子供達がままごとやお店屋さんごっこで遊ぶ、もってこいの空間でもある。しかも「子供小屋」は子供達にとって、とても楽しい遊び道具であり、そして遊び相手であり、その上最高の我が家でもある。だからここにはキット子供達が創る、子供達だけの空間があるはずである。

入れ子

そこで小屋の建築的魅力を探し出し、拾い集めてみた。小屋の四隅には小さなコンクリートブロックが置かれ、その上に細い柱が建っている。そして外壁には木板が貼られ、そこには、白い格子窓が嵌まっている。だから、全てが夢のハウスである。一方屋根は切り妻型。緑色の段葺き仕上げになっている。しかも棟の部分は、隙間からの雨漏りを防ぐため、ちゃんと金属板で押えてある。流石アメリカ発の大型会員制倉庫店が販売する製品である。至る所に細かな配慮がされている。痒い処に手が届いている。

ところで何を目的として、小屋が組み立てられたのか。それは当然、子供達が遊ぶためである。だから中へ入る扉の幅は47㎝、高さは1ｍ10㎝ほどしかない。もちろん大人は到底入れない。ところが子供達にとっては、これで充分である。何故って一旦中に入れば既にそこには、自分達だけの空間が、待っているからである。日常にはない別世界があるからである。

というのも室内には、ままごと遊び用のシンクや調理台が設えてある。しかも食事用カウンターまで完備され、食器も揃っている。その上、出窓まで付いている。更に窓からは、眺めの良い庭園が見渡せるし、そして窓辺には、植木鉢まで置かれている。つまり、ままごと遊びへの「子供小屋」の設えは、まさに完璧である。だからここでは、子供達のやりたい放題、そしてしたい放題の世界がくり広げられることになる。思えば「子供小屋」は、家の中の小屋である。だからここでは大人の家と子供の家が、入れ子になっている。そこでこの小屋には、狭い室内をできるだけ広く見せる、最大限の工夫がされている。

小人の国

ところでこの「子供小屋」と出会ったと同時に、あの「ガリバー旅行記」の話が甦ってきた。それは誰もが知る、イギリスの作家ジョナサン・スウィフトによる冒険小説である。多くの子供達が、一度は読んだり聞いた話である。だから、小人の国にタイムスリップした錯覚に陥った。小人の国に流れ着いたような気分になった。ところが子供の頃に教わった小説の内容は、あくまでも表向きの話である。実際の中身は、当時の人間社会を皮肉った、ある種の風刺小説である。

小屋内部から出窓方向を見る

話は航海中のガリバーが、漂流したところから始まる。そこでガリバーが辿り着いたのが、「リリパット国」という小人の国である。そこでガリバーと小人の国との尺度の違いを種に、次々と話が展開する。例えば首都に建つ城壁の高さは、凡そ75cm、そして幅は28cmである。もちろんガリバーなら楽々跨げる高さである。ならば王様が住む宮殿の大きさも大方、推して知るべしである。そして更に話では、ガリバーが王様から晩餐会の招待を受けても、宮殿の外から寝そべって、中の様子を窺うという話も出てくる。いずれにせよ小説は、スケールの違いをネタに、現代の人間社会を皮肉っている。

そこで話は、今の東京が抱える、街の〝あり様〟について思い描いてみる。すると今、東京の街が向かっている方向が、「リリパット国」とは全く逆であることに気づかされる。東京の街全体が密集化し、そして巨大化していることが分かる。

しかし、こうした都市の密集化そして巨大化を、誰が推し計ってきたかは知る由もない。がそれでも、これまで東京の街で暮らしてきた一人一人が、少なくともその一翼を担ってきたことは確かである。東京の街の生活者はこれまで、街の〝あり様〟に対し、少なからず巨大化を望んできた。否必要以上に、更なる巨大化を志向してきた。そのため東京の街はより密集し、そしてより巨大化した。よって建物もより高層化し、そしてより巨大化してしまった。というのも東京の街の生活者は一方で、これまで巨大な建物にはない、小さな建物の魅力を知らされることがなかったのである。そして更に、小さな建物の魅力を知る術もなかったのである。小さな建物は小さいなりの魅力があることに、全く気付くことができなかったからである。

東京の街の生活者は普段から、巨大建築に接する機会が多い。それ故、巨大建築には慣れている。しかし足元までは、なかなか目が届かない。足元を気にしながら、街を歩くことはない。だから、小屋の持つ魅力に気付けない。その空間の魅力に気付くことができない。小屋が発している空間が、自分達の生活の空間に直結していることが分からない。まさに〝灯台下暗し〟である。こうして東京の街の生活者は、今も巨大建築を思考する。だから建築の設計者も、巨大建築を思考する。そこで必然的に東京の街は、相も変わらず巨大建築を志向していく。

つまり東京の街の生活者も、この辺りで立ち止まり、もう一度街について考え直す時期が来ていると思われる。もうそろそろ巨大建築ばかりを追い求めず、原点を見つめ直すべき時期である。要はガリバーみたいになってみてはどうだろうか。そして東京の街もいつかは、「リリパット国」のような、人に合ったスケールの都市になれたらと思う。

7

「駅舎小屋」　上野・上野恩賜公園／博物館動物園駅

◎立地　台東区上野恩賜公園内
◎最寄　ＪＲ山の手線・上野駅　公園口
◎構造　石造平屋建て
◎屋根　石造
◎外壁　石造

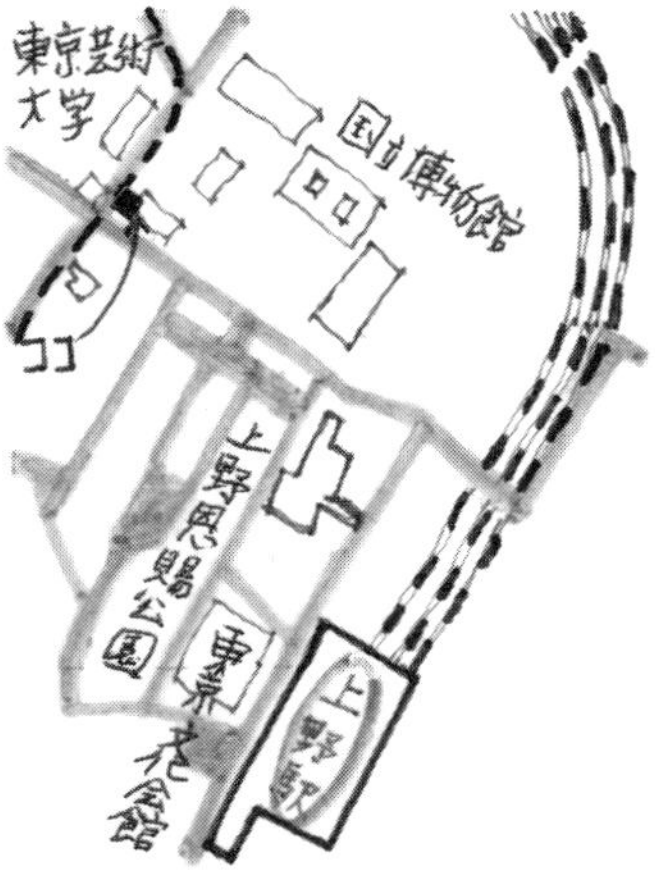

上野の杜

　ＪＲ上野駅の公園口を出る。目の前にはいつものように、東京文化会館の庇が出迎えてくれている。庇は天空に競り上がっている。建物は日本の近代建築を代表する建築家、巨匠前川國男の作品である。そしてその奥には、上野恩賜公園の杜が広がっている。公園を縦断し、国立博物館を横目に歩く。すると路はまもなく、東京芸術大学との四つ角と交差する。そしてその一角に、階段状の屋根のある、古めかしい建物が目に止まる。それは嘗て「博物館動物園駅」と言われた

ドーリア式円柱が立つ正面入り口

駅舎である。駅舎は京成電鉄が日暮里駅から上野駅まで乗り入れる際に、公園への最寄り駅として設置されたそうだ。ところが電車の乗り入れに際しては、様々な条件が付加されていた。まずは環境への配慮である。つまり上野恩賜公園対策である。要は公園の各施設、そして巨木や名木を損傷させないという条件がつけられた。更に乗り入れ方法も検討された。そこで経路は、地下方式が採用された。だから「博物館動物園駅」は、当時では珍しい地下駅となった。ところが路線経路の都合上、駅舎の設置場所が帝室美術館（現在の国立博物館）の敷地内に入ってしまった。しかも当時の帝室美術館は、あろうことか皇室の管轄用地になっていた。そのため駅舎建設に関しては、昭和天皇のご意見を賜る必要が生じてしまった。特に駅舎形態については、御前会議による事前の承諾が必要とされた。つまり形式的であれ何であれ、決まった手続きを踏まえざるを得なかった。それでも紆余曲折はあったが、結局駅舎は、建築家・中川俊二の設計により、上野方面へと向かう上りホーム側に建てられた。そして１９３３年（昭和８年）に開業した。

地下ホーム

そこで「博物館動物園駅」の記憶を呼び起こしてみた。幼少の頃、初めてホームに降り立った時のことを思い返してみた。当時のホームは薄暗かった。辺りには陰鬱さが充満していた。そして上りホームと下りホームとの間には、剥き出しの鉄骨柱が並んでいた。その柱には、仄かな灯りが灯っていた。だから柱の奥深くには、得体の知れない妖怪が忍んでいると思えた。そして闇の中から、今にも妖怪が現われて来そうな気がした。このように当時の地下ホームは、とても不気味な空間であった。しかも至る所に、まだ戦時中の匂いが残っていた。だからそれ以来二度とホームに、降り立つことはなかった。

気が付けばそれから、半世紀もの年月が過ぎていた。そして過ぎ去った時間は、とてつもなく長く短い。だからその全てを、思い起こすことはとてもできない。それでも、当時の記憶を少しでも呼び覚まそうと、改めて「博物館動物園駅」にやって来た。本当に駅舎との、しばらくぶりの再会であった。ところが駅舎は２００４年（平成16年）には閉鎖されていた。惜しまれながらも、既にその役割を終えていた。もちろん駅舎は今も閉鎖されたままである。だから地下ホームへは、降りることはできない。残念である。

ところが多くの人が今、何でこのような建物が街角にあるのか、何も疑問に思わない。多くの人が不思議と思っていない。皆、この建物の脇を平然と通り過ぎていく。何の疑問も感じることなく、行き過ぎていく。ましてや記憶のある人でさえもが、何事もなかったかのように通り過ぎて行く。確かに駅舎は既に、その存在感を失っている。過去を忘れ、当時の姿のままで佇んでいる。しかも上野の杜に溶け込んでいる。

するとこれは誰が何と言おうと、駅舎のための小屋である。駅舎として利用するために造られた小屋に違いない。そこで、ここではこの小屋を「駅舎小屋」と名付け、改めてその建築的な魅力を探ってみることにした。

階段状屋根

まずは小屋全体を見渡す。そしてその〝あり様〟を、じっくりと眺める。そこで気になるのが、何と言ってもその屋根の形態である。屋根は方形、しかも階段状をしている。平使いの御影石が、階段状に積まれている。だから一見では、中米のマヤ建築のようにも見える。しかも大建築物にも負けない、見応えある形態を保持している。ところで東京の街で階段状の屋根があるといえば、すぐにもう一つの建物が浮かんでくる。そう、あの「国会議事堂」である。確かに二つの建物ともその屋根の形態は、階段状になっている。

確かに嘗ては「国会議事堂」も、東京の街を代表する建築物であった、そこで、それぞれの建物の歴史を振り返ってみた。すると国会議事堂は１９２０年（大正９年）の着工、そして

1936年（昭和11年）の竣工となっている。一方「博物館動物園駅」の着工期日は不明だが、駅舎は1933年（昭和8年）に竣工している。つまり駅舎の方が議事堂より、竣工が三年も早かったことになる。ということは国会議事堂の完成前には既に、この駅舎があったことになる。すると国会議事堂はひょっとすると、「博物館動物園駅」を参考にしつつ、その屋根の形態が検討されていたかもしれないのである。駅舎の屋根を遠目に見ながら、議事堂の屋根の形態を考えられていたかもしれないのである。多分そうである。否、きっとそうに違いない。すると思えば思う程、よりそのように思えてくる。

ところで「国会議事堂」の基本設計は、建築家・武田五一によって纏められた。また実質的作業は当時の大蔵省技師、矢橋賢吉を中心に進められている。そして実質の業務は、大熊喜邦・吉武東理等によってまとめられた。しかも二人は共に、東大建築学科の卒業生である。何れにせよ主力メンバーは皆、東大出身者で固められていた。すると設計の詰めの段階で彼等の耳には当然、駅舎の噂が入っていたはずである。既に上野の杜に階段状の屋根の駅舎があることを、知っていたはずである。しかもその屋根形態が、脳裏に焼き付いていたはずである。というのも駅舎は、彼等の学び舎のある本郷台地から一つ谷を越えた、上野台地に建っていたからである。大学から北東の谷を駆け上がれば、既にそこには、階段状の屋根の駅舎が、建ち上がっていたからである。だとすれば議事堂の屋根形態に、駅舎の屋根形態が引用されたとしても、何ら可笑しくはない。何ら不思議ではない。否、寧ろ当然といって良い位である。というのもこれまで古今東西、これぞと思えるデザインは、多くの建築家に引用されてきたからである。否、参考にされてきたから

上部に階段状屋根が見通せる外観

である。又それこそが、世の常である。

話を再び駅舎に戻す。この建物形態は、手前の立方体の後《うしろ》に、直方体が合体している。そこで立方体の屋根は階段状、そして直方体の屋根は雨仕舞いを考慮して、陸屋根になっている。つまり駅舎の屋根は、階段状と陸屋根という、異なった形状で構成されている。そして動線上では、立方体部分が駅舎の出入り口、直方体部分がホームへ上下する階段室になっている。ところで本来の小屋の形態は、あくまでも一棟である。つまり小屋は、他の建物から独立していなければならない。そのため二つの屋根形状がある建物は、小屋の範疇から除かれることになる。けれどこの「駅舎小屋」も出入口側に限れば、けして一棟に見えなくもない。否、一棟にしか見えない。そこでこの駅舎も、小屋として扱うことにした。というのも、一棟に見えるか見えないか

正面左側に取り付けられたアルカイックな街灯

を議論する前に、既に駅舎は充分小屋としての魅力を発揮しているからである。小屋としての魅力を、辺りに充満させているからである。

アルカイックな街灯

そこで小屋の建築的魅力を探し出し、拾い集めてみた。「駅舎小屋」は屋根から外壁まで、全て御影石で被われている。しかも東面、南面、西面の三面は、ドーリア式の二本の円柱が出入り口を挟んでいる。そして円柱の左右には、それぞれ二本の壁柱が取り付いている。しかも壁柱は、上部の化粧梁を支えている。そして化粧梁の上には、壁から凸型に突起した軒蛇腹が廻っている。更に小屋の周囲には、全ての装飾物を保護するように、化粧庇が廻っている。しかもパラペット上端には、マヤ建築を思わせる装飾も施されている。こうして「駅舎小屋」の〝あり様〟は、堂々とした佇まいを見せている。因に西洋建築では、壁から張り出した装飾用の柱形を、ピラスターと言うそうだ。そして気が付けば出入口左側の外壁には、古風な街灯が付いている。しかも街灯はたった一台、青銅色にくすんでいる。すると傍に、〝照明復元事業〟という表示板が掲げられている。そしてそこには、こう記されている。

『6灯の壁付照明器具が3方に開いた出口を照らしていたが、第二次世界大戦の金属供出により取り外され、永く失われていた。…』と。

出入り口には最近まで、灯が灯っていなかったそうだ。そこで地元から街灯の復元を求める声が高まった。そして2010年（平成22年）に、一灯の灯りが復活されたようである。そこで灯り具合を確かめに、再び現地を訪ねてみた。すると一台の外灯が、青白く夜の駅舎を照らしていた。しかも脇に咲く満開の桜の花びらをも、照らしているように見えた。辺りは静寂に包まれていた。ちょっぴり嬉しく、そしてちょっぴり悲しい春の夜だった。

8

「井戸小屋」 浮間舟渡・小豆沢／龍福寺四阿

◎立地　板橋区小豆沢四丁目
◎最寄　ＪＲ埼京線・浮間舟渡駅
◎構造　木造平屋建て
◎屋根　カラーベスト葺き
◎腰　　竪羽目板葺き

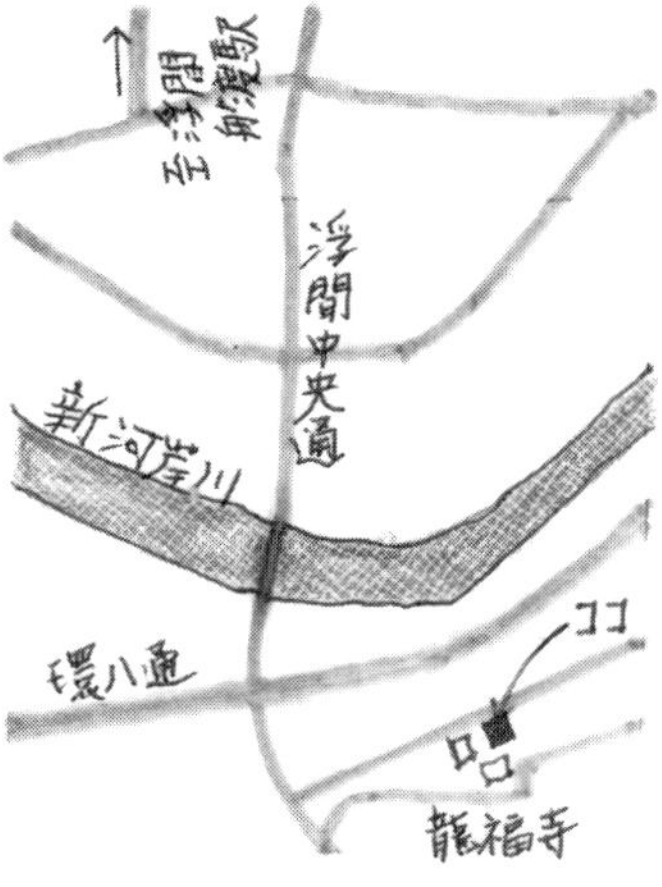

小豆沢

ＪＲ埼京線、浮間舟渡駅で降りる。改札口を出て、新河岸川方向に向かう。新河岸川の流れは以前、実は荒川だった。荒川として流れていた。荒川放水路が新たに掘削されたため、その名が変わった。そしてその荒川放水路も河川法の改正により、１９６５（昭和40年）には、その名を荒川と変えた。だから河川両岸の辺り一帯には、工場地帯が広がっている。延々と、殺風景な光景が続いている。しかもその河川近くまで、山の手赤羽台地が迫っている。

屋根まで蔦が生い茂る井戸小屋の遠望

そんな台地を、やっとのことでよじ上る。思った以上に階段は急である。振り返れば、荒川流域の眺めが良い。一体に街並が広がっている。そこでやっと辿り着いたのが、北区小豆沢《あずさわ》という処。可愛い名だ。というのも昔、この辺りに小豆を積んだ舟が沈み、川の水面に浮かんで澤に見えたことから、その名が付いたらしい。但し、事実かどうかは分からない。あくまでも言い伝えである。

そして崖の上には、閑静な住宅地が広がっている。そんな街を彷徨《さまよ》い始める。すると路地裏に、如何にも歴史が古そうな、お寺が目に留まる。その名を「龍福寺」という。確かに見るからに門構えも、立派である。どうも地元の名刹らしい。見ると正門の脇に、説明看板が立っている。そしてそこには真言宗智山派、薬王山東光院「龍福寺」と記されている。室町時代の末、僧運珍によって創建された寺らしい。しかも嘗て寺には、二十余基の板碑があったとの伝えもある。板碑とは現在の卒塔婆のようなもの。つまりは供養塔である。そのため以前この寺は、「板碑《いたび》寺」と言われていたそうだ。確かに門を潜った境内左手には、今も三基の板碑が残っている。こうしてこれほどの名刹でも、長い歴史を振り返れば、そこには栄枯盛衰があったようである。

四阿

境内を散策する。けれど境内は、思っていたほどは広くない。しかし境内には、そんな狭さを感じさせないほど、樹木が生い茂っている。見事な庭園が整備されている。そこには、幾つもの樹形が散らばっている。見ると庭師の方が、ちょうど剪定の真最中である。こうした光景を見ると、何事も普段からの手入れが必要なことが分かってくる。

そんな植栽を眺めながら、更に境内の奥へ歩を進める。するとそこに、寂《さび》れた小屋が建っている。四阿《あずまや》のようである。けれど単なる四阿なら、隅に四本の柱が立っているだけである。そしてその他は、吹きさらしである。ところがこの四阿は、三方が腰壁で囲われている。そのため出入り口は、一ヶ所しかない。だからその出入り口から、小屋の中へ入る。するとそこに、井戸用の設備が設置されている。しかも周囲には、その保管設備まで完備されている。

するとこれは誰が何と言おうと、井戸を保護するための小屋である。井戸水を汲み上げるための小屋に違いない。そこで、ここではこの小屋を「井戸小屋」と名付け、改めてその建築的な魅力を探ってみることにした。

まずは小屋全体を見渡す。そしてその〝あり様〟を、じっくりと眺める。そこで気になるのが、中央にぶら下がった滑車である。通常なら滑車があれば当然、水汲み用の縄と桶も一緒にぶら下がっているはずである。しかしそこには一本の縄も、そして一杯の桶もぶら下がっていない。どうも外されているようである。ところで、そんな桶のことを、〝釣瓶〟というそうだ。そして〝釣瓶〟と云えば確か、江戸の俳人加賀千代女が詠んだ句があった。そう、〝朝顔に釣瓶とられて貰い水〟という句である。そこで自らの役割を、朝顔の蔓に奪われてしまった、あの〝釣瓶〟が自然と思い浮かんでくる。するとこの「井戸小屋」からも、確かにその〝釣瓶〟が奪い盗られている。だから、肝心の井水を汲上げることができない。小屋の機能を果たせていない。ではどのようにして、井水を汲み上げているのか。取り敢えず考えてみた。けれどすぐに答えは出てこない。しかし、それほど深く考えることもなかった。そう今は昔の〝釣瓶〟より、もっと便利な水汲み設備があった。〝釣瓶〟以上に能力を兼ね備えた、水汲み機器ができていた。確かに見れば「井戸小屋」の中には、水汲み用電動式ポンプがあり、水洗い用の人研ぎ流しがあり、しかも梃《て》子儀《こぎ》ポンプまで備えてある。つまり、ここにはちゃんと井水汲み用の、ありとあらゆる装置が取り揃えられている。そこでともかく、胸を撫で下ろした。

方丈

ところで朝顔といえば、人の世の無常を朝顔と、そしてそれについた露との関係に例えた古典文学がある。そう、鴨長明が記した『方丈記』である。そこで長明は、人の世の無常の様を綴っている。そこで、その一部を記す。

「その主《あるじ》と栖《すみか》と無常を争ふさま、いはばあさがほの露に異ならず。」

ここで長明が言いたかったことは、小屋に住む主《あるじ》と、そしてその栖《すみか》も共に、何れ滅び去って逝《ゆ》く運命にある。だからその儚《はかな》さは、朝顔と露との係わりのようなものである。つまり両者共、無常の世に生きているとには変わりはない、ということである。確かに世の中の全ての物は、絶えず変化を繰り返している。しかも少しの間も、決して同じ状態にとどまることはない。だから小屋の主と栖も、そして朝顔とその露も同様に、共にあわただしく争うように滅び逝く運命にある。まさしく長明は、このようにして感嘆の文字を綴り、人の世の儚さを憂えて『方丈記』を記したのである。いわば『方丈記』とは、真実の生き方を貫き通した、一人の人間の生活記録である。

そこで凡人には、ちょっとした疑問が湧いてくる。そもそも『方丈記』の〝方丈〟とは、一体どんな形態か。またどんな形状で、どんな大きさなのか。どうもはっきりしない。分からない。そこで早速、手元にある建築辞典を繙いてみた。すると〝方〟とは四角形、なかでも正方形のこと。そして〝丈〟とは尺貫法で、十尺の長さのこと。つまり〝方丈〟とは、縦横の長さがそれぞれ十尺の、正方形のことになる。敢えて現在の度量法に倣《なら》えば、3m角の広さ。だからその面積は、約9平米となる。そして仮に〝方丈〟を現在の和室に例えれば、6畳弱の広さになる。因に〝方丈〟の高さは、7尺あったそうだ。ところで〝方丈〟の説明が、少しややこしくなった。それは他でもない、今も計量法第八条により、尺貫法の使用が、原則禁止されているからである。

小屋の中央にぶら下がった滑車

慣習的な使用については問題ないが、公に関する契約等ついては、禁止されたままだからである。そこで「井戸小屋」の外形寸法を測ってみた。すると外寸は、2・4m角程であった。そこでこの「井戸小屋」は方丈より、若干狭いことが分かった。

方形

そこで小屋の建築的魅力を探し出し、拾い集めてみた。小屋の屋根形態は〝方形《ほうぎょう》〟つまり四角錐である。そのため棟木が、中心から四隅へと渡っている。そして棟木先端には、装飾金物が被せてある。しかも金物には銅板《かね》が使われている。そうした金物のことを建築用語では、錺《かざり》金物という。確かに以前ならこうした金物も、一寸豪華な住宅には使われていた。しかし昨今は、神社仏閣ぐらいしか使われなくなった。こうして、一見粗末に見え

棟木の鼻に付けられた錺金物

る「井戸小屋」にも、チャンと肝心な所には、銅板《かね》と金《かね》が使われている。流石である。

一方小屋の傍には蔓が植えられ、しかも屋根の上まで伸びている。そしてその蔓には、暗褐色に熟した実がぶら下がっている。そこで、ちょうど近くで作業中の庭師の方に、その名前を尋ねてみた。するとそれは、〃郁《む》子《べ》〃というらしい。〃郁子〃はアケビ科の仲間である。しかしこれまで、そんな名を聞いたことがない。都会育ちの者には、とんと知る機会がなかったようだ。又一つ勉強になった。

それから「井戸小屋」について、お寺の女将さんにお話を伺った。すると小屋が建っている場所には以前、住職さんの住まいがあったそうだ。つまり庫裏《くり》である。だから現在の「井戸小屋」は、その庫裏の後に建てられている。けれどそれも、既に三十年以上も前のことらしい。ということは「井戸小屋」は現在まで、長年に渡り維持保全されている。しかも東日本大震災を機に、それまでの電動式ポンプの他に、手動式ポンプ設備も設けられている。つまりこうして幾世代にも渡り、災害への対策が、抜かりなく続けられている。だから今でも貴重な井戸が、昔のままの姿で残されている。

境内には秋の日差しがふり注いでいる。けれど知らぬうちに辺りには、影が差し込んでいた。様々な思いを巡らすうちに日が落ちていた。昔から〝秋の日は釣瓶落し〟という。確かに日が暮れるのが速くなった。そろそろ家路を急がなければならない。見れば縁側で黒猫が、気持ち良さそうに日向ぼっこをしていた。

9 「観測小屋」 越中島・東京海洋大学／第二観測所

◎立地　江東区越中島
　　　　東京海洋大学、越中島キャンパス内
◎最寄　東京メトロ東西線・門前仲町駅
◎構造　煉瓦造、平屋建て
◎屋根　煉瓦積み
◎外壁　鋼板葺き

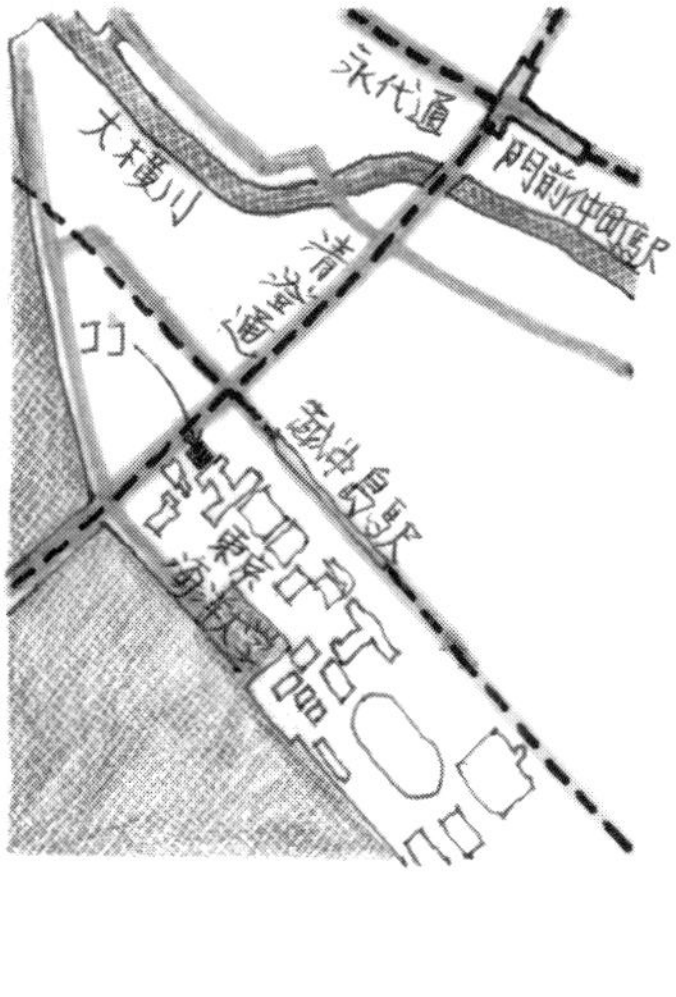

越中島

今日は東京の街の、辰巳の方角をめざして歩くことにする。辰巳とは辰と巳の間、つまり南東の方角のこと。そこで地下鉄東西線に乗り、門前仲町駅で降りる。ホームを上がれば、既にそこは門前仲町の交差点。そして清澄通りを、南へと歩く。

しばらく行くと左手に、殺風景な敷地が見えてくる。そこは、東京海洋大学のキャンパスになっている。辺りには疎らな木立が植わっている。そして、そんなキャンパス内に、二棟の小屋が

矩《かね》型の庇が取り付いた入り口側外観

建っている。しかも、互いに離れ離れに措かれている。手前の小屋は平屋、奥は二階建てになっている。何れにせよ、何故か怪しげである。

東京海洋大学は明治の始め、商船学校として誕生した。そして当初は、東京商船大学と言われていた。しかし2003年（平成15年）に東京水産大学と合併し、その名が変更された。だから始めの頃は、永代橋の袂に係留する商船を校舎としていたそうだ。ところが1902年（明治35年）に、現在の越中島に移転する。すると同時に、校舎も新設された。そして続いて翌年には、二つの観測所も建設された。それが現在赤道儀室と呼ばれる第一観測所と、子午儀室と呼ばれる第二観測所である。そしてその観測所が目の前に建つ、二棟の小屋である。しかし今回は狙いを第二観測所に絞り、その小屋の特徴を探してみることにした。つまり小さい方の観測所である。

するとこれは誰が何と言おうと、観測のための小屋である。天体を観測するために造られた小屋に違いない。そこで、ここではこの小屋を「観測小屋」と名付け、改めてその建築的な魅力を探ってみることにした。

建物配置

まずは小屋全体を見渡す。そしてその〝あり様〟を、じっくりと眺める。そこで気になるのが、小屋の配置である。配置に不自然さがある。配置に曖昧さが見える。というのも、通常の建築計画で建物配置を考える場合、まずは敷地境界線を引いてみる。敷地境界線とは、隣地境界線或いは道路境界線のことである。そして次に、計画建物の主たる壁面を、隣地境界線又は道路境界線と平行に置いてみる。それから種々の要素を微調整し、総合的な判断を加えながら、建物配置を決定する。つまりこうしたやり方が、一般的な計画手法とされている。だからこの「観測小屋」を見た時も、当然こうしたやり方で配置されていると考えた。

そこで「観測小屋」の平面形態を調べてみた。するとその平面形態は、八角形になっている。そして次に、その外壁一辺の二つの角と、敷地西側に通る清澄通りとの距離を計ってみた。するとその距離に違いが出た。小屋は道路と平行になっていない。外壁が僅《わず》か斜めにずれている。と

切断された臥梁が見える
観測小屋の遠望

ころが通常の建物配置計画においては、道路と建物の外壁は平行とするのが一般的である。というのも、無駄なスペースが生じることもないし又、動線的にも都合が良いからである。しかし実際の「観測小屋」は、道路と平行になっていない。何故か。どうしてこんな配置になったのか。どうして、こんな配置にならざるを得なかったのか。そこで頭を回転させて考えた。無い頭をカラカラさせて考えた。けれど自分の頭の中の始末さえ付けられない者が、天体のことまで知恵が働くわけがない。だから余計に、頭の中が空廻りした。

　そこで「観測小屋」の機能について考えた。そして序《つい》でに天体観測のことも、考えた。そして小屋の軸組みのことについても、改めて確認した。さて小屋の臥《が》梁《りょう》は鉄筋コンクリートで造られている。因に臥梁とは、組積造における壁体丁部を固定するための水平材のことである。そこで閃いた。確かこの小屋はあくまでも、天体観測のための建物である。しかもその目的は、子午線の移動を観測するために造られた建物である。すると当然子午線方向、つまり南北方向に対応する開口部が必要となる。つまり屋根から壁まで連続した開口部が必要となる。だから小屋の名称が、子午儀室となっている。

ところで建物は通常、軸組みで構成されている。だから当然小屋の周囲にも、臥梁が廻る必要がある。しかし屋根から壁まで、連続した開口部を設けるためにはどうしても、その臥梁を切断せねばならない。そのため途中、一部臥梁が無い。南北軸を横切る臥梁が切断されている。いわば一体であるべき小屋組が、一体になっていない。つまりその理由《わけ》は、子午儀によって天空を観測するためである。要は子午線を観測するためには、途中に邪魔者があっては困るからである。だから小屋は、開口の中心が南北軸と重なるように、配置されているのである。考えてみれば当たり前のことである。やっと謎が解けた。漸く疑問が解消できた。確かに冷静に考えてみれば、こうした小屋の配置にも、緻密な計算があった。

八角形

そこで小屋の建築的魅力を探し出し、拾い集めてみた。建坪は8・6坪。メートル法に換算すると28㎡余り。何れにしても、さほど大きな建物でない。しかもその平面形状は八角形。という

木製観音開き窓の取り付いた開口部

のも東西南北の四面と、北東（艮《うしとら》）、南東（巽《たつみ》）、南西（坤《ひつじさる》）、北西（乾《いぬい》）の四面、都合八面に対応できるよう、外壁面を設けているからである。そのためその平面形状は、否が応でも八角形になってくる。そして屋根の形状も平面に倣っているため、必然的に八角錐になっている。そして仕上げは銅板一文字葺き。既に表面は緑青が吹き、薄緑色に変色している。

一方外壁にはイギリスから輸入した、赤黒色の煉瓦が積まれている。通常の煉瓦に釉薬《うわぐすり》を掛け、更に高温で焼かれた、吸水性の低い煉瓦である。つまり小屋の屋根にも外壁にも、精密機器を保護するための工法が採用されている。ところで煉瓦の積み方には、何通りかの工法があるそうだ。例えば〝イギリス積み〟や〝フランス積み〟等である。因に〝イギリス積み〟とは、まず煉瓦の小口面を手前に横一列に並べ、次には長手面を手前にして同じように一列に並べ、こうした作業を交互に繰り返す工法である。もちろんこの「観測小屋」の外壁は、当然〝イギリス積み〟方式で積まれている。

子午線

さてそこで魅力探しは内部へと移る。外部階段を四段ほど上がると、そこが小屋の入り口。扉は木製の観音開き。しかもその形状は、ゴチック風の尖頭アーチ型である。そして扉の上には、見るからに大業な庇が飛び出ている。しかもその棟の角度が「矩《かね》」になっている。「矩《かね》」とは建築用語で、直角の角度のこと。何れにしても、あまり見ることのない形態の庇である。すると尚更、内部への期待が高まる。ところが扉は施錠され、閉ざされたままになっている。だから、中の様子を窺うことはできない。残念である

そこで大学の案内資料で、その経緯を確認した。すると中には当初、子午儀（トランジット）が置かれていたそうだ。けれど素人には、子午儀そのものの使用目的が分からない。子午儀についての知識が乏しい。そこで改めて資料を再読した。すると子午儀とは、子午線方向にだけ動く望遠鏡と、時刻を精密に測定記録する印字機とを兼ね備えた、天体機器のことらしい。只まだそれだけでは、何となく分かったようで分からない。

そこで子午線とは、地球上のある一地点と南北極を含む平面が、地球表面と交わる大円のこと

だそうだ。いわば仮に地球上に引かれた経線のことである。そこで子午儀を設置することにより、天体の子午線通過時刻と正確な経度測定が可能となるそうだ。しかもその時点の天体の高度から、精密な緯度測定も可能となるようだ。するとそうした測定を行うにはどうしても、南北軸と重なる屋根と外壁は、連続して開放する必要がある。つまり望遠鏡の前に邪魔物があれば、天体を測定できない。だから、南北軸を横断する臥梁が切断されている。否、切断せざるを得ないのである。その結果、屋根と外壁とが連続する開口部が設けられた。そこで、漸く子午儀の測定方向と開口部が合致する。だから物の見事に小屋の頭が、真っ二つに割れているのである。

つまり「観測小屋」は、子午儀で天体を観測するために建てられた。考えてみれば当然である。ところがそんな観測機器も戦後には、アメリカ進駐軍に接収され、何処かへ運び出されてしまった。だから現在小屋の中は、空っぽである。中には何も無い。そのため観測用の開口部は、今も塞がれたままになっている。こうして「観測小屋」は外観だけに、その洋館風の名残を見せている。

10 「守衛小屋」霞ヶ関・法務省旧本館（赤レンガ棟）／正門、守衛室

◎立地　千代田区永田町、法務省第六号館（法務省旧本館）正面入口
◎最寄　東京メトロ有楽町線・桜田門駅
◎構造　煉瓦造平屋建て
◎屋根　天然スレート葺き
◎外壁　煉瓦積み

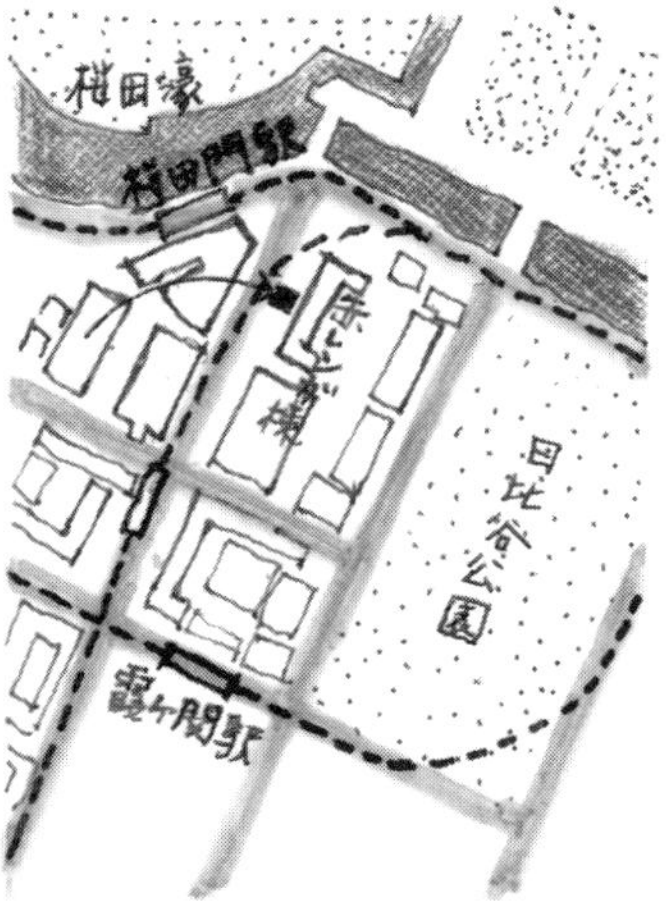

法務省旧本館

今日は霞ヶ関の官庁街を歩くことにする。地下鉄有楽町線に乗り、桜田門駅で降りる。目の前には濃緑の皇居の杜とお濠が、とぐろを巻いて横たわっている。そこでお濠端を背にし、霞ヶ関方面に向かって歩く。ここは近代日本の実権を一手に牛耳ってきた処。いわば政治権力と行政機構の大元締めである。だから街を歩けば自然と、目に見えない周波が右からも左からも伝わってくる。奇妙な電磁波がひしひしと、感じ取られる。すると左手に、立派な門構えが見えてくる。

合同庁舎第六号館（法務省旧本館）の正面入り口

その姿は左右対称。そして門構えは、円形の管理棟と角形の門柱、更にアラベスク模様の四枚の門扉で構成されている。しかも管理棟の中には、守衛人がいる。管理棟であるから当然である。するとこれは、守衛人が常駐する小屋かもしれない。否、これは誰が何と言おうと、守衛人が常駐するために造られた小屋に違いない。そこで、ここではこの小屋を「守衛小屋」と名付け、改めてその建築的な魅力を探ってみることにした。

まずは小屋全体を見渡す。そしてその〝あり様〟を、じっくりと眺める。そこで気になるのが、その形態である。あまりにも形態が日本離れしている。周囲の建物と異なってる。しかも更にその奥に、もっと気になる建物が見えている。奥の建物は西欧風然としている。中央はどっしり構え、左右に手を広げた風に聳《そび》えている。だからその形態は、まるで横綱の土俵入りのようである。すると「守衛小屋」や門柱が、ちょうど太刀持ちと露払いにも見えてくる。

建物は昔の司法省庁舎、今の法務省旧本館である。霞ヶ関という場所に相応しい、赤煉瓦積みの豪壮な建物である。だから重厚感に溢れている。周囲を圧倒するような、威圧感を放っている。ところで建築史家、陣内秀信氏の著書『東京の空間人類学』によると、日本の近代建築には、屋敷を構えるという意識が共通して見られるそうだ。それは広い敷地を確保し、塀で囲み、門を構え、しかも門から伸びる軸線上に、左右対称の建物を置くという建物配置である。それ故日本の近代建築は、都市との関係性を密にすることなく造られて来た。村社会の中だけで、完結するように出来上がった。そのため近代建築の表現は敷地内の軸線であり、左右対称の建物の構成に限られていた。だからこの司法省庁舎も、そのような意識で考えられた建物配置となっている。

そこで司法省庁舎の歴史を繙いてみた。明治中期、当時の政府はドイツから、二人の建築家を招聘《しょうへい》する。エンデとベックマンである。庁舎は二人によって計画された。そして実施設計及び監督は、ドイツで建築を学び、帰国したての日本人技師、河合浩蔵によって行われた。だから建物の構えは、ドイツ建築の表現と技術を踏襲する、ネオ・バロック様式となっている。もちろん当時でも、一風変わった佇まいである。結局建物は紆余《うよ》曲折の末、7年の歳月を要し、明治28年(1895年)に漸く完成する。

合同庁舎第六号館（法務省旧本館）の正面外観

ネオ・バロック様式

ところでネオ・バロック様式というのは結局、巷にあまり膾炙《かいしゃ》していない。それは18世紀後半から19世紀に、フランスで流行った建築様式である。パリの改造計画を機に、それまでの新古典主義に対する反動から勃興した。時はナポレオン三世による第二帝政時代である。そのため以前の、バロック様式も踏襲している。だから、しつこいぐらいの絢爛豪華な装飾や彫刻が施されている。一種の成金趣味でもある。

しかしここ旧本館は、同じネオ・バロック様式でも、ドイツでの流れのネオ・バロック様式が採用されている。だからフランスでの軟弱な様式とは、一寸違った表情を見せている。つまり質実剛健な表情を醸し出している。流石ドイツ流である。例えば急勾配の屋根や、赤い煉瓦と白い御影石との横縞模様に、そうした特色が見てとれる。そして煉瓦壁を刳《く》り貫いた、白い縁取りのある窓もお似合いである。立派な髭を携え、威風堂々としている。如何にも明治のお役人の好みそうな建築様式である。

ところがこうした西洋建築に、厳しい評価を与えた人物がいた。それは何を隠そう、作家の永井荷風である。荷風は光が強く、しかも濃い色の植物が育つ日本の風土に、赤煉瓦建築は似合わないと考えていた。色と質感が適していないと主張した。しかもそれ以上に、都市の風土や伝統を無視し、安易に西洋様式に迎合する役人根性を嫌っていた。その根性に腹を据えかねていた。確かに荷風さんは流石、フランス帰りの都市遊民である。結局フランス気触《かぶ》れの帰朝人とドイツのネオ・バロック様式では、始めから馬が合わなかったようである。こうして煉瓦造りは、散人荷風には容認されなかった。しかし１９２３年（大正12年）の関東大震災では、その構造の強さを発揮し、建物本体は目立った損害を被ることはなかった。というのも当初から、煉瓦を鉄材で補強する工法を取り入れていたからである。耐震への配慮がなされていたからである。ところが東京大空襲では、アメリカ軍の攻撃を受け、躯体を除くほとんどを焼失してしまう。結局、煉瓦の壁と床だけが残った。それでも建物は改修工事をしながら、長らく法務省本館として利用された。そして平成６年（１９９４年）には、創建当時の外観が取り戻され、国の重要文化財の指定を受けた。こうして現在の建物は、法務総合研究所及び図書館として、活用されているそうだ。

ハット型帽子

そこで小屋の建築的魅力を探し出し、拾い集めてみた。もちろん今回の狙いはあくまでも、旧

正面入り口左側に建つ守衛小屋

本館の前に建つ「守衛小屋」である。「守衛小屋」は白御影石の腰壁に赤煉瓦が、円形状に積まれている。そして土台とマグサは御影石になっている。平面形状が円形なため、その外観はずんぐりして見える。外壁には当然、受付用の小窓と出入り口が付いている。開口部には白御影石の三方枠が廻っている。更に軒先にも繰形の破風を兼ねた、幅広いボーダーが廻っている。そしてそこも白御影石になっている。外観を引き締めている。しかし小屋の特徴といえば、何といっても屋根である。屋根は頭の上にハット型の帽子を被ったように、丸くなっている。しかも天辺には、金色の擬宝珠《ぎぼし》飾りが輝いている。そして裾は末広がり。仕上げは天然スレート板葺き。一枚一枚が鱗《うろこ》型になっている。というのも屋根面全てが、三次曲面になっているからである。矩形の天然スレートでは重ね目に隙間ができ、形態に追従しにくいからである。つまりどんな腕のある職人さんでも、奇麗に納められないからである。もちろん雨の漏る恐れもある。だからその形状を、細かな鱗型にせざるを得なかったのである。そして受付の小窓には、上げ下げ式の建具が嵌っている。近年では珍しい建具である。というのも平面形状が円形なため、引戸では当然小屋からはみ出てしまう。もちろんそれでは上手くない。建具としての機能が果たせない。そこで止むなく、上げ下げ式窓が採用されたのである。何れにせよ「守衛小屋」は今日も後に旧本館を控え、我こそが天下のネオ・バロック様式であることを矜持しながら門前に、悠然と佇んでいる。

ウォーリー

ところでここ霞ヶ関では、日本国の法の番人である法務省の旧本館を、「守衛小屋」が番をしている。しかも番人は、頭に房の付いた帽子を被り、赤と白の横縞模様のシャツを着ている。だからその立ち姿は、とてもユーモラスである。まさにウォーリーそのものである。ウォーリーとは、イギリスの絵本に登場する主人公の名前である。絵本の中ではいつも、赤と白の横縞のシャツを身に着け、丸い眼鏡の出で立ちで登場する。ところがそんなウォーリーを、大勢の人込みの中から探さねばならない。だから見つけ出すには大変苦労する。ならばこの赤と白の「守衛小屋」も、ウォーリーに例えられるかもない。都会に紛れ込んでいる点では共に、同じように見える。しかも事件を解決する役割も、そしてその出で立ちも、偶然にも共に一致している。確かに事件は、現場で起きるものだからである。ところが現実の「守衛小屋」は、守衛人のための詰め所である。いわば何時如何なる時も、背後に聳《そび》える赤煉瓦の旧本館を守るためにある。だから屋根の形態がわざわざ、普段衛兵が所持する拳銃の砲弾型になっている。というのもその形態が、犯罪を抑制する為の威嚇行為になっているからである。そこで、明治初期のこの辺りの状況を調べてみた。するとこの場所はなんと、陸軍操練所用の空き地になっていた。そこで屋根形態が何故、砲弾型になっているのかの謎が掴めた。改めて納得した。

11 「呑べ小屋」 上中里・ＪＲ上中里駅前／庇小屋・岡ちゃん

◎立地　北区上中里一丁目
◎最寄　ＪＲ京浜東北線・上中里駅
◎構造　鉄筋コンクリート造平屋建て
◎屋根　カラー鋼板立ちハゼ葺き
◎外壁　打放しコンクリート

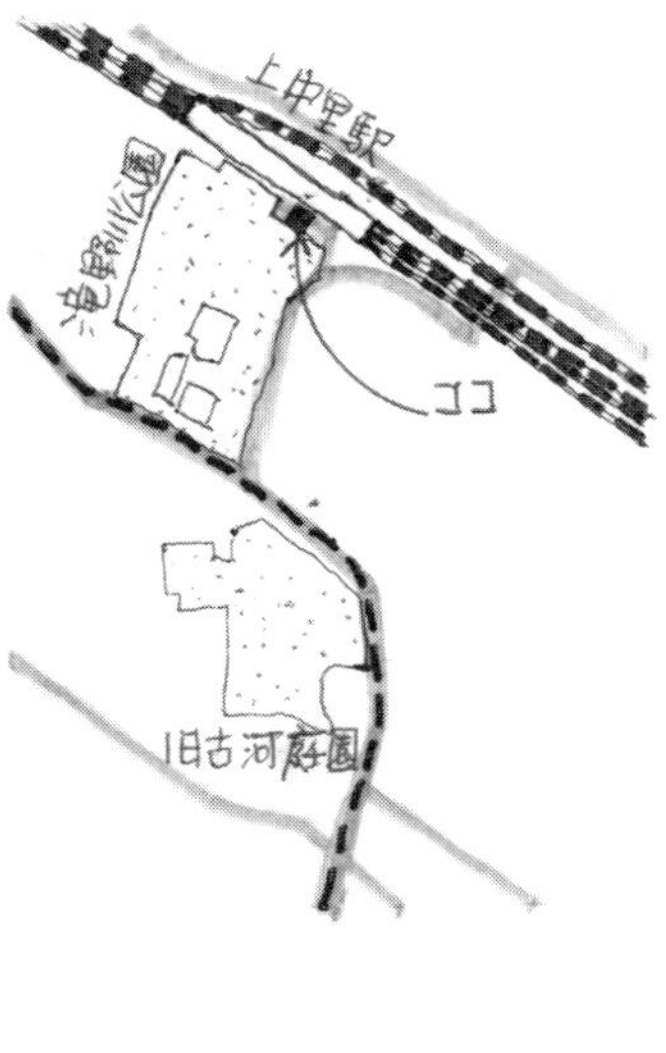

ＪＲ上中里駅前

ＪＲ京浜東北線は山の手と下町の境界を、なぞるように走っている。そして山の手線と分かれ、最初に停まるのが上中里駅である。今日は、その上中里駅で降りる。けれどここは、東京の街の駅とは思えぬほどに馴染みがない。そのためかどうかは知らないが、改札口は一ヶ所しかない。しかも駅前ギリギリまで民家が迫っている。だから周りの様子が、手に採るように分かる。

そんな駅の真ん中に、周囲とは異質な建物が建っている。一軒だけ、奇妙な雰囲気を醸し出し

三方を木製引戸で囲われた呑べ小屋の外観

ている。けれど反面、不思議と周辺に溶け込んでいるようにも見える。

　建物はアルミフレームで象《かたど》られたガラス箱の上に、切り妻型の屋根が乗っている。そしてその中央には、四本柱のコンクリートの櫓が組まれている。しかも屋根の上には、〝45度〟振った小さな望楼が建ち上がっている。そして小屋の周囲には硝子戸が嵌っている。そこには〝庇小屋・岡ちゃん〟の看板が掛かげてある。しかも硝子戸の至る所に、お品書きが貼ってある。〝やきとり〟〝牛スジ〟〝おでん〟〝にこみ〟等々、何枚も貼ってある。ならばここは、昼日中からお酒を楽しめる処らしい。どうも、焼き鳥やおでんを頬張りながら、お酒を戴ける居酒屋のようである。

　するとこれは、美酒を味わうための小屋かもしれない。否、これは誰が何と言おうと、世の呑べい達が、お酒を味わうために来る小屋に違いない。そこで、ここではこの小屋を「呑べ小屋」と名付け、改めてその建築的な魅力を探ってみることにした。

片持ち庇

まずは小屋全体を見渡す。そしてその〝あり様〟を、じっくりと眺める。そこで気になるのが、屋根から突き出た望楼である。望楼は方形型になっている。確かに焼き鳥を焼けば当然、沢山の煙が出る。そこで出た煙は当然逃がせねばならない。でないと店中が、煙に巻かれることになる。そこで望楼は、換気装置になっている。そして屋根は、カラー鋼板立ちハゼ葺き。しかも左右に庇状に延びている。ところがどう見ても庇の先端に、それを支えるものがない。通常あるべき柱が見当らない。するとどうもこの庇は、小屋本体から持ち出されているようだ。否、そうであるに違いない。

ところが庇はアルミ板で被われていて、その実態を掴むことが出来ない。それでは何故、これほどまでに庇が飛び出ているのか。何故強引に、庇が持ち出されているのか分からない。合点がいかない。すると、ますます疑問が湧いてくる。そこで改めて周囲を見廻す。まず小屋の正面を見る。しかしどう見ようと、通常ある小屋にしか見えない。小屋としては違和感がない。これでは何等、疑問が解消しない。何も解決策が見出せない。そこで試しに妻側に廻ってみる。すると敷地が、とても狭いことが分かった。見れば見るほど極端に狭い。だから当然、建て坪も限られてくる。確かにこの広さでは、希望する建て坪の広さは望むべくもない。だから思っていた以上に、小屋の奥行きがない。幅が狭い。何せ奥行きは、一間あるかないかで

三枚引戸で仕切られた妻側外壁

ある。

　ところで〝建て坪〟のことを建築用語では、建築面積という。そこで建築基準法施行令の第二条二項では建築面積について、次のように規定されている。〈建築物の外壁又はこれに代わる柱の中心線で囲まれた部分の水平投影面積による〉と。しかも施行令には、更に次のように書かれている。〈例えば片持ち庇のような形状の場合、その先端から一メーター分は、当該建築物の建築面積に算入しない〉と。つまり何が何でも建築物の全てを、建築面積に算入する必要はないのである。要は緩和条項もある。だから計算上で庇の先端部分は、水平投影面積から除外してよい。先端から一メーター分は、建築面積に算入しなくて良いことになっている。何せ土地は狭い。そこでわずかでも算定面積の減ることは、大助かりである。だから敷地一杯に庇をのばし、出来る限り建坪を増やしたのである。流石、知恵を絞っている。ところで、後で店のご主人に聞いて分かったことだが、実は本体と一体に見える庇は、鉄骨梁で支えているとのこと。しかも何本もの梁を、中央から持ち出しているそうだ。だから庇は軽快に見える。そこで漸く庇の形状に、納得することが出来た。

コの字型

そこで小屋の建築的魅力を探し出し、拾い集めてみた。ここからは、内部へと話は移る。小屋の左右は客席そしてその中央は、一間角程の厨房になっている。そして客席には無造作に、木製テーブル一卓とパイプ椅子数脚が置かれている。だが経済効率を考えれば、調理は全てご主人だけでこなしたい。否、こなさざるを得ない。そこでカウンターの内側には全て、厨房設備が配置されている。つまり厨房器具の外側には、カウンターが廻っている。要は客席数を増やし、作業を捗《はかど》らせるためである。だから厨房から直接、外へは出られない。お客様への直接サービスはできない。もちろん配膳もできなければ、そして後片付けもできない。全てのサービスが、お客様任せになっている。つまり完全なセルフサービスである。しかしこの店ではそれが、当たり前になっている。だからお客様もそうした対応を、快く受け入れている。文句をいうやつは誰一人いない。否、いるはずがない。仮に文句の一つも言おうものならその時は、ご主人に摘み出される

屋根から突き出た換気用の望楼

こともある。つまりこうした対応がとれるのも、お客様との信頼関係があるからである。

では、どのようにして厨房へ出入りしているのか。要は話は簡単である。実はカウンターの下に、出入り用の潜り戸が付いているからである。ちゃんと通り抜けられるようになっているからである。しかも扉は鍵付き。防犯も考慮されている。だからカウンター下の防御は完璧である。こうして何かのたびに、ご主人はカウンターの下を潜る。とても大変である。それでもご主人は、「こうした潜り動作が、毎日の運動になっている」と、前向きである。けれどカウンターの上は常に、開放状態である。

そこに空間を隔てるものはない。しかも客席の外側三方向は〝コの字型〟に開放されている。そしてその全てに、木製建具が嵌まっている。正面と裏面が4枚、そして左右妻面には3枚の引き戸がある。そのため、建具を外せば三方向全てが開放となる。するとそれまでの内部空間が、瞬く間に外部空間に変わる。つまり庇の下の空間は、時には内部空間となり、また時には外部空間ともなる。そこで内部空間と外部空間とが一体化される。だから夏になれば全ての建具を開放し、夜風の爽快さを味わうこともできる。きっと庇の下で呑むビールは、格別に美味いに違いない。

日本語の〝空間〟

さてここで、日本の〝空間〟の捉え方について考えてみたい。つまりこれまでの日本では、〝空間〟をどのように取り入れ、どのように対峙してきたかである。しかもそれは、日本語における〝空間〟という言葉の起源を考えることでもある。そして更に〝空間〟という概念を考えることにも繋がっていく。そこで日本語の〝空間〟を、英語に訳してみる。するとそれは〝SPACE〟になる。ところが英語の〝SPACE〟には本来、〝場所〟とか〝余地〟とかという意味しかない。そこに、〝空間〟という意味は含まれていない。〝空間〟という概念は存在していない。そこには、〝モノとモノとの間〟という意味しかない。

ところが日本建築においては始めから、〝空間〟という概念が存在していた。既に〝空間〟という概念が捉えられていた。しかし残念ながら、それに対応する言葉が生まれていなかった。また、考えられていなかった。そこで何故日本において、〝空間〟という言葉が生み出されたのかを考えた。そこで日本建築の〝あり様〟を考えた。すると日本建築において、〝外〟とは庭であり、そして〝内〟とは室となる。つまり日本建築における〝外〟は〝空〟、〝内〟は〝間〟と考えられる。すると庭は〝空〟となり、室は〝間〟となる。すなわち〝空〟とは何もない〝外〟であり、〝間〟とは壁や建具で仕切られた〝内〟を表わすことになる。

次に〝空間〟を、具体的な場の〝あり様〟として捉えてみる。例えば日本家屋に見られる縁側の〝あり様〟である。縁側は上下を、庇面と床面で規定されている。しかも壁面は開放されている。いわば半屋外の状態である。だからそこは〝外〟でもなく、かといって〝内〟でもない、何とも曖昧な〝あり様〟になっている。だから縁側は、時には〝空〟となり、また時には〝間〟にもなる。そして時には〝空〟と〝間〟とが融合する。そこで〝空間〟という〝あり様〟が生まれる。そして〝空間〟という言葉が生まれる。単なる〝空〟でなく、しかも〝間〟でもない、〝空〟と〝間〟とが混ざり合い、外と内が侵蝕し、そして共に融合した領域を示す言葉が生み出される。そこで英語の〝SPACE〟に対応する、〝空間〟という言葉が生み出される。つまり〝空間〟とは、〝外〟の〝空〟と〝内〟の〝間〟とを融合させて生み出された言葉である。

ところが元は一つしかない西欧の概念に日本では、二つの概念を当て嵌めてしまった。西欧の〝場〟に対して〝空間〟という日本語を、無理矢理当て嵌めた。だから言葉と概念の間に齟齬が生じた。そのため〝空間〟という概念が曖昧になった。分からなくなった。そうしたことが、ここ「呑べ小屋」の空間体験で、初めて気づかされた。結果、日本語の〝空間〟という概念は、実に曖昧であることが分かった。そして〝空間〟とは、いかにも日本的な言葉であることも分かった。

12

「舟着小屋」 神田川・柳橋／小松屋

◎立地　神田川左岸、柳橋
◎最寄　ＪＲ総武線・浅草橋駅
◎構造　木造二階建て
◎屋根　カラー鋼板瓦棒葺き
◎外壁　竪羽目板貼り

柳橋

ＪＲ総武線、浅草橋駅で降りる。江戸通りを日本橋方面へと向かう。するとすぐに、神田川にぶつかる。そこに橋が架かっている。浅草橋である。しかし誰もがここを、橋と思っていない。橋だと気付かない。というのも橋と道が、一体となっているからである。そこで、橋の手前を左に折れる。川風に吹かれながら神田川の左岸を、隅田川方向へと歩く。川面には沢山の屋形舟が舫《もや》っている。そして舟着き場も浮かんでいる。すると前方に、濃緑色の橋が見えている。そう柳

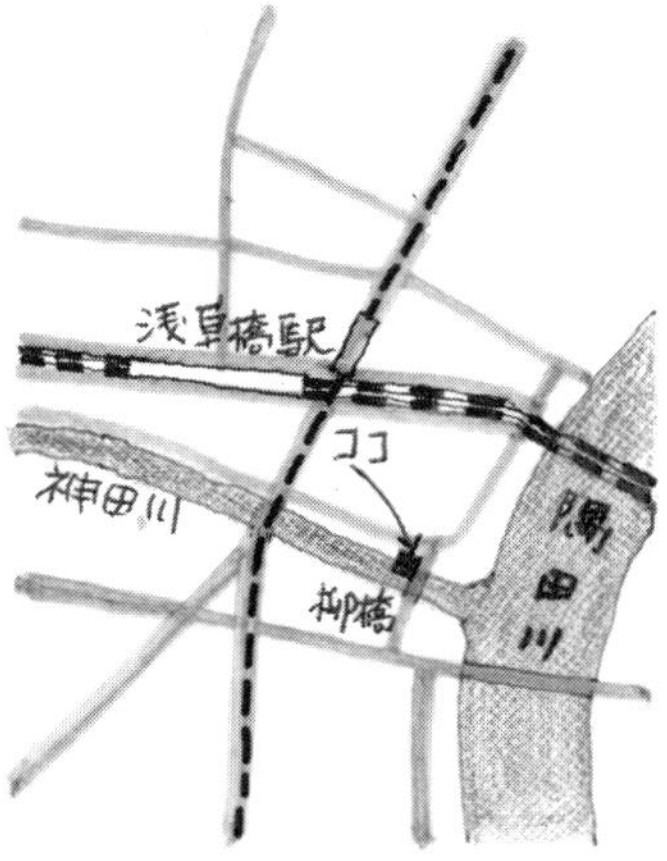

神田川に浮かぶ舟着小屋の遠望

橋である。橋は江戸下町の風情に溶け込んでいる。関東大震災後、震災復興事業により架けられた橋である。だから鋼製で造られている。1929年（昭和4年）に完成している。ところでこの辺りは、以前花柳界として、名を馳せた処でもある。嘗ての東京の街で、芸者遊びといえば、何といっても柳橋であった。柳橋が一番であった。何せ格式が高かった。新橋など足元にも及ばなかった。だから街は今でも色気の漂う、華やかな雰囲気を偲ばせている。見ると橋の袂《たもと》に、ステンレス製の立て看板が掲げてある。そしてそこには地元「台東区教育委員会」による次のような、橋の由来が記されている。

『一つめは柳原堤の末にあるので。二つめは矢乃城を柳の字に書き換えられたから。そして三つめは、橋畔の柳に因んで。』と。

なるほど名の由来には何と、三つもあるそ

うだ。けれど、何せ江戸の頃の事なので、本当のことは分かっていない。しかし強いて言えばこの三つの中では、〝橋畔の柳に因んで〟というのが、一番素直で分かり易いようだ。何れにしても辺りに当時の面影が、漂っているのは、とても嬉しいことである。

ところで手元に、東京のスケッチ画集『追憶の東京下町、銀座篇』がある。街絵画家、小針美男の描いたものである。そこには昭和の下町風景が、何枚も切り取られている。そしてその一ページに、柳橋と橋の袂《たもと》の舟宿が描かれている。しかもその舟宿は「小松屋」であることが分かる。戦前の隅田川ではまだ、盛んに船遊びが行われていたようだ。だから夏ともなれば、沢山の納涼客がここ柳橋に遊びにやって来た。そして川風に吹かれながら悠久の時を過ごした。いわば「小松屋」は、そんな屋形舟の舟着き場であった。やがて戦後になると、舟着き場が舟の待合所としても認められた。だから二階建てで造られた。そして待合所と店舗を兼ねた、舟着き場という形態が生まれた。以来そんな形態が、今日まで続いている。そんな舟着き場が今、目の前に建っている。

するとこれは誰が何と言おうと、川の遊び客が舟に乗るために造られた小屋である。そして舟が接岸する、舟着き場のための小屋に違いない。そこで、ここではこの小屋を「舟着小屋」と名付け、改めてその建築的な魅力を探ってみることにした。

平屋建て

まずは小屋全体を見渡す。そしてその〝あり様〟を、じっくりと眺める。そこで気になるのが、

柳橋の袂に佇む舟着小屋

その佇まいである。小屋は端正な木造りである。ところがその建坪は間口1・5間、そして奥行きは2・5間だけである。そしてそこに、僅《わず》か一間《けん》角の下屋が足されている。だから建坪は合計しても、たったの4・75坪である。まさに小屋そのものである。だから始めは誰もが皆、平屋と思う。平屋と勘違いする。確かに川岸から見れば、どう見ても平屋にしか見えない。ところが護岸越しに川面を覗けば、そこには木杭が見えている。川底まで木杭が打込まれている。しかもその上に土台が廻り、小屋が乗っている。すると小屋は誰が見ても、二階建てになっている。ところで小屋としての基本的な〝あり様〟は、一平面一機能である。だから一階と二階の機能は基本的に、同一でなければならない。分離していてはいけない。すると小屋の〝あり様〟がなくなる。というのも小屋としての基本は、あくまでも平屋でなければならないからである。機能が二層に分かれていては、小屋としては考えられないからである。だからこうした建物は本来、当然小屋の範疇から除かれることになる。否、除かれても仕方ないことになる。ところが「舟着小屋」も近くに寄って見れば、平屋に見えなくもない。否ジッとして見れば、何となく平屋に見えてもくる。そして最後は、必ず平屋にしか見えなくなる。そこで「舟着小屋」も、小屋として認めることにした。小屋とすることにした。というのも平屋かどうかを議論する前に、既に「舟着小屋」は、小屋としての魅力を充分発揮しているからである。小屋の魅力を醸し出しているからである。というのも世の中のあらゆるモノゴトは、その見方次第で、どのようにでも変わるものだからである。もちろん小屋についても、また然りである。これも又世の常である。

木板張り

そこで小屋の建築的魅力を探し出し、拾い集めてみた。ところがその造りは、至って単純である。一目見れば直ぐに、それが伝統的和風建築であることが分かる。だがちょっと視点を変えれば、現代の和風建築に見えなくもない。何れにせよ屋根の造りは、敷桁《しきげた》と母屋の上に垂木《たるき》が乗った、従来からの和風の小屋組である。ところが敷桁が角材なのに対し、棟木と母屋には化粧丸太が使われている。しかも外壁には、木板が張ってある。そして緩勾配の屋根と木板張りとが相俟《あいま》って、相乗的な可愛いらしさを見せている。こうした単純な造りに、江戸っ子の粋《いき》が滲《にじ》み出ている。何れにせよ誰もが、印象に残こる佇まいである。

そこで話は急に飛ぶ。現在の東京23区には当然、都市計画法という法律の網がかかっている。それぞれの場処に防火地域、あるいは準防火地域が指定されている。だから建物を建てるにはまず都市計画法が適用され、そして次に建築基準法が適用される。そして建築基準法では建物の外壁に、一定以上の防火性能が要求されている。すると、外壁に使える材料が限られてくる。もちろん燃える木の板等は使えない。貼りたくとも許してもらえない。つまり東京の街で、このての建物を建てたくとも、願いは叶えられない。けれどこの「舟着小屋」には、防火規定など適用されていない。されている分けがない。何せ木の板である。もちろん一度《ひとたび》隣家から火災が発生すれば、当然類焼は免れられない。あっという間に延焼する恐れがある。それでもここ柳橋には、木板張りの小屋が建っている。延々と建ち続けている。というのも流石に都市計画法の網もここ神田川までは、被《かぶ》せられないからである。神田川を被う網は今のところきっと、江戸前の穴子や若鷺を捕まえるだけで、精一杯だからである。こんな処にも、粋な江戸っ子の心意気がみえてくる。

建具用溝

けれど時には神田川にも、雨風が吹き荒れる。雨風が直接外壁にぶち当る。だから二階の窓には、雨戸が付いている。そしてもちろん、雨戸用の戸袋も付いている。ところがその妻側の窓の形状が、どうもおかしい。不思議なことになっている。たった9尺幅の外壁に、何と戸袋が二ヶ所設けてある。たかが3尺角の窓に、左右二つも付いている。では何故、こうした形状になっているのか。左右に思考を巡らせてみた。

柳橋側の妻側外壁

通常、和風建築の開口部に網戸や雨戸を設ける場合、それぞれ専用溝を設けるのが通例である。そのため二本の溝が掘られる。ところがこの小屋には、一本の溝しかない。ここでは一本の溝を、網戸と雨戸が兼用しているようである。ならば建具を、どのように納めているのか、どのように引き込んでいるのか、全く分からない。皆目見当がつかない。手も足も出ない。そこでこうした疑問を直接「小松屋」のご主人に、ぶつけてみた。

するとと次のような解答を得ることができた。まず内側に、1・5尺幅の硝子戸が二枚嵌っている。硝子戸は左右引き分れになっている。だから二枚の建具を合わせれば、開口部の幅は都合3尺になる。そこで開口幅と建具幅は一致する。そして開口の外側に、一本引きの溝が付いている。昼間はそこに、一枚の虫除け用の網戸が嵌めてある。川面に面する柳橋には、欠かせない装置である。

ところが夜になるとその状況が一変する。一旦左側の戸袋に網戸を収納すると今度は、日中右側の戸袋に収納していた雨戸を、同じ溝で引き出してくる。そして小屋の硝子戸を風雨から守る。しかしこれまで、こんな合理的な納まりを見たことがない。こんな納まりに出会ったことがない。流石、江戸っ子大工の仕業である。こうした小屋の〝あり様〟に、江戸の精神が満ち表れている。こうして「舟着小屋」は今でも、花街の〝あり様〟の拘《こだわ》りを見せている。

13 「交番小屋」 小金井・江戸東京たてもの園／万世橋交番

◎立地　小金井市・
　　　江戸東京たてもの園内
◎最寄　ＪＲ中央線・武蔵小金井駅
◎構造　煉瓦造平屋建て
◎屋根　カラー鋼板葺き
◎外壁　化粧タイル貼り
◎腰　　人造石研ぎ出し

万世橋駅

ＪＲ中央線、武蔵小金井駅で降りる。改札口を出て北口からバスに乗る。わずか5分程で「江戸東京たてもの園」の正面入り口に着く。この辺りは、今も武蔵野の面影が残っている。そして「たてもの園」には、嘗て東京の街にあった、貴重な建物が展示されている。しかも文化的価値の高い建造物が移築、復元、保存されている。いわばここは、建物の野外博物館である。ところで今日の目的は、「万世橋交番」を見に行くことである。正面入り口から右側に進む。目指す交

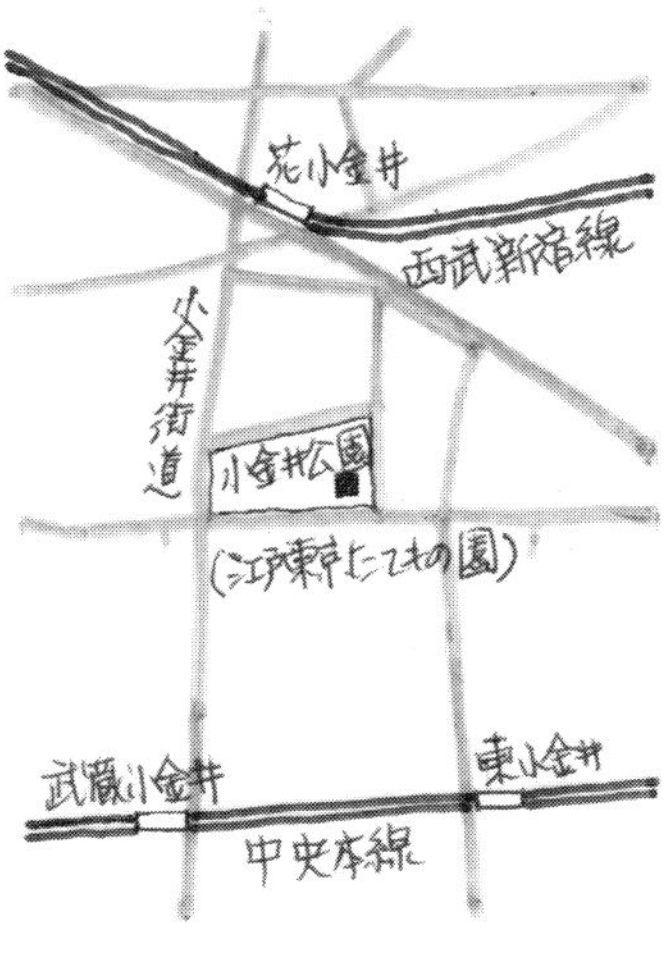

交番小屋の入り口側外観

番は公園「東ゾーン」の一角にある。心なしか期待が高まる。しばらく小道を歩くと通りの片隅に、小さな建物が佇んでいる。その姿は何故か街角に立つ、警官帽子を被ったお巡りさんのようにも見える。するとこれは、警察官が勤務するための小屋かもしれない。否、これは誰が何と言おうと、警察官のために造られた小屋に違いない。そこで、ここではこの小屋を「交番小屋」と名付け、改めてその建築的な魅力を探ってみることにした。

「万世橋」はJR秋葉原駅と神田駅を結ぶ、神田川を跨ぐ橋である。ところが多くの人が、橋の存在を分かっていない。その存在に気付いていない。すると何故そんな橋の袂に以前、交番があったのかという疑問が湧く。だから余計に状況を知りたくなる。そこで「万世橋」の歴史を繙いてみる。すると大正時代には橋の傍に、「万世橋駅」という駅舎があったそうである。しかも駅舎は、甲武鉄道（現在のＪＲ中央線）の起点駅になっていた。つまりターミナル駅である。ということは駅前は当時、相当の賑わいを見せていたことになる。確かに大正から昭和の始めに掛けての時代は、市電、自動車、乗合いバス、そして鉄道が発達した。そのため東京の街にも、それまでの水運による橋詰めばかりか陸運側にも、新しい都市空間が生まれた。そしてそれを代表するのが、この「万世橋駅前広場」であった。だから橋の袂に交番があっても、何等不思議ではなかった。否、駅前には当然、「交番小屋」があってしかるべきであった。

ところで建築史家、藤森教授の著書『建築探偵日記』によると、「旧万世橋交番」は駅の右角にあったそうだ。しかもその駅舎の設計者が、何と東京駅と同じ建築家の辰野金吾である。ならば通常「交番小屋」の設計も、駅舎設計と同じ建築家が行うのが道理である。ということは当然「交番小屋」を設計したのも、駅舎と同じ辰野金吾ということになる。というのも駅舎も交番も、その外観デザインに、共通性がみられるからである。ところが「万世橋駅」の駅舎は、とうの昔に廃止されている。しかも既に、その記憶さえ忘れ去られている。しかし、今もＪＲ中央線の高架橋には、当時の残像が残っている。幸いにも、煉瓦積みの橋桁に、駅舎の面影を垣間見ることができる。因に「交番小屋」の竣工は１９１１年（明治44年）、そして「万世橋駅」の竣工は、１９１２年（明治45年）のことである。

派出所

ところで「江戸東京たてもの園」ではこの小屋の名称を、「万世橋交番」としている。なぜならば「たてもの園」発行の解説本によれば交番は初め、神田万世橋の袂《たもと》にあったようだ。だからその名がつけられた。ところが交番の当初の名称は、「須田町派出所」だった。というのも当時の警察法には、〝交番〟という呼び名はなかったからである。要は〝派出所〟が正式な呼称だった。だから〝交番〟というのは、あくまでも俗称であった。つまりその頃はまだ、警察署または警察分署の指令により、〝派出所〟に警察官が交代で番に当っていたからである。そこで〝交番〟と言うようになった。まさに字の通りである。ところで警察法の規定では、〝派出所〟の他に〝駐在所〟というのもあるそうだ。では一体〝駐在所〟と〝交番〟とはどう違うのか。何が違うのか。話がややこしくなった。余計にこんがらがってきた。そこで序《つい》でに調べてみた。つまり〝駐在所〟というのは、警邏《けいら》する警察官とその家族が、共に住まいを兼ねて生活できる施設のことである。要は〝交番〟と住居を兼ね備えた施設のことである。すると住まいは当然、官舎扱いになる。ならば地方の町であればいざ知らず、現在の東京の街中で、〝駐在所〟を見つけるのは至難の技である。どう考えても現在の東京の街に、〝駐在所〟があるとは思えない。確信が持てない。

曳屋

まずは小屋全体を見渡す。そしてその〝あり様〟を、じっくりと眺める。そこで気になるのが、その風格である。小屋は煉瓦造で造られている。しかも建物は関東大震災で罹災している。そのため後に改築された。だから今は当時の赤煉瓦積みの上に、薄肌色のタイルが貼ってある。

ところでその風格は立派でも、元の場所からここまでの移動に際しては、大変な苦労があったようだ。というのも建物を部材毎に解体し、分解して運べれば特に大した問題はない。ところが煉瓦造ではそうはいかない。そこで止むなく小屋全体をトレーラー車に乗せ、形態を保持しながら運んだそうだ。因にこうした工法を建築用語では、〝曳屋〟と言う。

次に屋根の形態を調べてみる。けれどいざその形態を調べようとしても、思っているほど簡単ではない。単純な方法が見つからない。通常なら遠目からなら、屋根の形態ぐらいは見える。ところがここ「交番小屋」は屋根勾配が緩いため、建物から多少離れても、目的とする屋根が見えない。そのため屋根材の種類も分からない。

そこで止むなく「たてもの園」の資料で確かめる。すると屋根形状は八角形型の寄せ棟造り。そしてその仕上げは、緑青色のカラー鋼板葺きとなっている。ということは小屋組本体は、木軸であることが分かる。屋根の下地が勾配なりに組まれている。つまり外郭は煉瓦造でも、小屋組は木造とせざるを得なかったようである。

トイレ

そこで小屋の建築的魅力を探し出し、拾い集めてみた。小屋の平面形状は縦長の八角形。そして内部は、正面入口から繋がる執務室と奥の宿直室、そしてトイレから成り立っている。ところがそのトイレの位置が奇妙である。何故だかその配置に納得がいかない。配置に疑問が沸いてしまう。というのもトイレの扉が外部に面している。何故か外部からしか入れないようになってい

小屋内部に設えられた作業机

る。使い勝手を考えれば当然、内《なか》にあって呵《しか》るべきである。しかし扉は外側に付いている。そこがこの「交番小屋」の一番の謎でもある。というのも、もし仮に勤務中の警察官がトイレに行きたくなったら、果たして警察官はどのような行動をとれば良いのだろうか。もちろん、一旦外へ出なければならない。しかも小屋を半周しないと、トイレまで辿り着けない。ならば警察官にすれば、当然トイレは内《なか》にあって欲しい。そうであれば宿直室から直接、トイレへ出入り出来る。尚更、都合が良い。しかも内側にフック錠でもあれば、扉の管理はそれで十分である。では何故、トイレが外に付いている

背面外壁に取り付いたトイレ扉

のか。何故外からかしか、使えないようになっているのか。疑問が沸いてくる。疑問が迸《ほとばし》る。

だから考えた。熟考した。もしこれが警察官専用のトイレであれば、わざわざ小屋の外に設ける必要はない。外から入れることはない。では一体何故なのか。そこで考えられるのは、小屋が設けられた経緯《いきさつ》である。トイレが設けられたのは、小屋のある場所に関連することである。そしてもちろん小屋があったのは、「万世橋駅」前である。しかもその万世橋駅は、当時の鉄道ターミナル駅である。だから駅前には鉄道だけでなく、何本もの市電も集中していたはずである。つまり万世橋駅前は、東京でも一番の繁華街だったのである。ところがいくらターミナルの駅前とはいえ、まだ当時は駅前に、公衆トイレなどなかった。設けられなかった。ところが偶々《たまたま》駅前に、交番が設けられることになった。そこで交番に付随して、警察官用のトイレも設けられた。であればこれ幸い、警察官と兼用の駅前公衆用トイレを設けることができる。だから念願の公衆用トイレが設けられたのである。こうしてトイレの入り口には、止むなく扉が取り付けられたのである。

確かにトイレに扉を設けるのは当然だが、現状では扉の外側に錠前が付いている。外側から施錠できるようになっている。すると鍵が掛かっていれば通行人は、トイレを使用できない。もし使用したくなった場合はわざわざ、警察官に断って鍵を開けてもらわなければならない。そうしないと入れない。すると元からトイレは、通行人への対応は考慮せず、警察官専用に設けられたものかもしれない。

そこでもう一つ警察官専用トイレを、建物の外側に設けた理由が考えられる。というのも仮にトイレを建物の内側に設け、宿直室から直結利用可能にした場合に、万が一警察官が用を足している最中に、交番に尋ね人があったら、警察官は尋ね人と対応する術がない。すると業務に支障をきたすことになる。だから通行人が使用できないよう、警察官専用トイレとして、扉の外部に施錠装置を設けたのかもしれない。そして普段はその存在を、通行人には極力知らせないようにしているのかもしれない。しかしこれらは全て個人的な見解である。何れにしてもこのような判断は、実に悩ましいところである。

14 「覗き小屋」 汐留・浜離宮恩賜庭園／〝大覗〟

◎立地　中央区、浜離宮恩賜庭園内
◎最寄　ＪＲ山の手線・新橋駅
◎構造　木造平屋建て
◎屋根　桧皮葺き
◎外壁　竹穂葺き

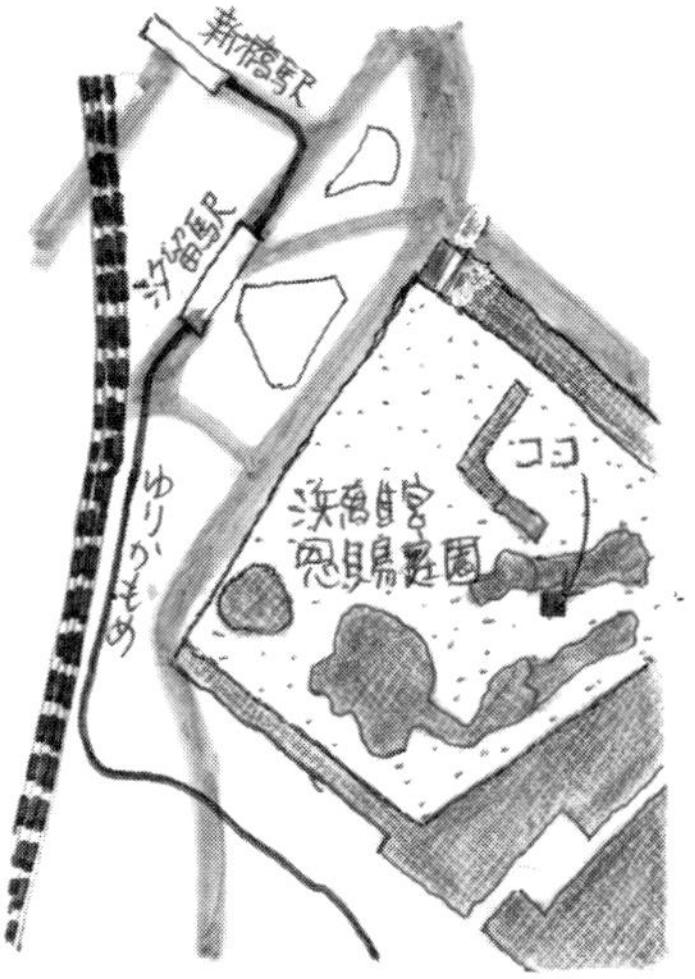

鴨場

今日は初めて、「浜離宮恩賜庭園」へ行く。ＪＲ山の手線、新橋駅で降りる。久しぶりで汐留口方面に出る。汐留辺りは、近年、シオサイトといわれる巨大複合都市に様変わりしている。そんな高層ビルの隙間を抜け、知らぬ間に庭園の入り口まで辿り着く。手前には大手門橋が架かり、橋の下には築地川が入り込んでいる。しかも川面《かわも》には、ボート小屋まで舫《もや》っている。ここ庭園入り口前には、都会とは思えない長閑《のどか》な風景が広がっている。

浜離宮は始めの頃、徳川将軍家の鷹狩りの場であった。その後一時、甲府藩の下屋敷となったが、後に徳川家の庭園として改修された。そして以降、江戸を代表する大名庭園として知られるようになる。だから庭園内には今でも江戸前、つまり東京湾の海水を引き入れているそうだ。だから今でも潮の干満が楽しめる、回遊式潮入り庭園として親しまれている。

園内には、とてもここが東京の街とは思えない程、沢山の緑が生い茂っている。だからのんびり散策できる。そこで庭の奥へ、路なりに進んで行く。そして雑木林の中を暫《しばら》く行くとその先に、突然大きな池が見えてくる。まずは庭園発行のパンフレットで、その位置を確かめる。すると庭園内には、二ヶ所の池が記されている。しかしそれは池でなく、実は鴨場らしい。しかも目の前に広がるのは、園内中央の〝庚申堂鴨場〟のようだ。しかも園内の南西方角には、〝新銭座鴨場〟というもう一つの鴨場があるようだ。

ところが目の前の水は、ピクともしていない。完全に淀んだままである。そこで池畔《ちはん》を一回りする。するとそこに、見慣れぬ小屋が建っている。畔《ほとり》にポツンと置かれている。しかも奇妙な佇まいをしている。するとこれはもしかしたら、鴨の行動を監視するための小屋かもしれない。否、これは誰が何と言おうと、鴨場を覗くための小屋に違いない。そこで、ここではこの小屋を「覗き小屋」と名付け、改めてその建築的な魅力を探ってみることにした。

覗き小屋　一

まずは小屋全体を見渡す。そしてその〝あり様〟を、じっくりと眺める。「覗き小屋」は小山の天辺に建っている。しかも小山の周りは、鬱蒼とした雑木林で囲われている。そして小屋の前には、〝元溜り〟という鴨場が広がっている。しかも小屋の平面形状は六角形。所謂《いわゆる》矩形ではない。では何故、矩形ではないのか。何故、六角形なのか。きっとそれには、何等かの理由《わけ》があるはずである。当然、特別な理由があるに違いない。

　そこであることに気付く。もちろんこの「覗き小屋」は鴨猟のためにある。つまり野鴨を捕えるための監視装置である。そこで、こうした小屋に求められるのは何か。果たして小屋の形状に求められるのは何なのか。でもそれは、至って単純なことであった。つまり小屋として、最も目立たないことである。周囲と違和感のないことである。つまり環境と合致していることである。しかも小屋として求められるのは、形状の大小である。要はその形状が大きくなればなる程、目立つことになる。もちろんその存在が目立つようでは、野鴨の捕獲に都合が悪い。だから小屋の形状はできるだけ、小さい方が良いのである。

六角形

　ここで小屋の形状について検討する。そこで話は、幾何学のことに移る。いま仮に幾何学に関する、次のような問題が出たとする。それは様々な図形の平面を、そのまま立体に立ち上げた時、一番目に付きにくい図形は何かという問題である。要は一番目立たない立体は何かということである。それはつまり、最も角が少ない図形は何か、ということにもなる。そこで答えは、平面積に対する外周の割合が、最も短い図形ということになる。つまり同じ外周の長さで、一番広い面

元溜りの池畔《ちはん》に佇む覗き小屋

積が確保できるのは、円形となる。しかも円形は周囲から、最も目立ちにくい形状だからである。従って「覗き小屋」として、最も適した平面形状は円形となる。

そうと分かった時点で腕に自信のある大工は早速、円形の小屋造りに挑《いど》んでみた。もちろん始めは伝統建築を参照にして、桁組み加工に取り掛かった。ところがいざ挑戦したのはよいが、すぐ壁にぶち当った。座礁に乗り上げてしまった。というのも、これまでの伝統的な木組み工法では、とても円形の桁組みは不可能であった。何せそれまでは、組み立てた経験がなかった。そこで円形以外の桁組みが検討された。されど平面が矩形では上手くない。すぐに野鴨に気付かれる。けれど出来るだけ円形に近い方が良い。

そこで漸く捻《ひね》り出されたのが六角形である。円形でもなく矩形でもない。ちょうど中間の六角形である。ところが六角形というのは、実に曖昧な形状でもある。どうせ矩形が駄目なら、その倍の八角形や、三倍の十二角形にすれば良いとも考えられる。しかしここでは、そうなっていない。とにもかくにも六角形になっている。つまり六角形であれば、円形とはならないし、しかも多角形の中では、もっとも辺の数が少なくてすむからである。要は一番桁組みがし易いからである。そこで小屋の平面形状は、六角形となったのである。

芯柱

そこで小屋の建築的魅力を探し出し、拾い集めてみた。床の仕上げは土間のまま。土足で使えるためである。しかし内壁の造りは、それに比べてまともである。仕上がりは竪板張り。しかも化粧竹で押えてある。けれど見た目は素っ気ない。そして池側に面する竪板には、いくつもの穴が空いている。しかもその高さは、テンデンバラバラになっている。というのもそれが、覗き穴になっている。つまりこの覗き穴こそ、鴨場を監視するための穴である。小屋を設ける、本当の意義だからである。

そして中央には、小屋の芯柱が下がっている。そしてそれを中心にして放射状に、二十四本の小屋丸太が流れている。ここでは一本の太い芯柱に、何本もの丸太が集中している。ところが芯柱は、何故か地面まで届いていない。途中で切断されている。しかも屋根を貫通している。つまり宙づりになっている。では芯柱は、どのように維持されているのか。そこで考えられることは唯一つ。周囲の小屋丸太が支えているのである。芯柱は小屋丸太によって、押さえつけられてい

小屋中央の芯柱と放射状に広がる小屋丸太

るのである。そして同時に心柱は、放射状に広がる小屋丸太を、繋ぐ役割も担っている。

また心柱にはもう一つ、大事な役割がある。それは強風対策、そして地震対策である。日本建築には一本の丸太が、建物全体を支えている例はいくつもある。日本人は昔から、中央の丸太を自由にすることで、どんな揺れにも対応可能な、倒れにくい建物ができることを知っていた。だからこれまでの日本建築は、倒壊することもなく、持ちこたえてられてきた。因にこうした構造のことを、柔構造という。そう言えば確か法隆寺の五重塔も東京スカイツリーも、共にこうした工法で建てられている。要するにこうした考え方は、昔から変わっていない。否、簡単に変わってしまっていては、とても原理とはならない。というのも人間が自然を相手にすることに対しては、変わり様がないからである。とにもかくにも

「覗き小屋」は、中央の心柱と小屋丸太が複雑に絡み合っている。つまり小屋も人の世も、とどのつまりは同じようなモノである。

ところでパンフレットではこの小屋のことを、〝大覗《おおのぞき》〟と記してある。するとこの「覗き小屋」が〝大覗〟ならば、当然同じ園内に、〝小覗《このぞき》〟があっても不思議ではない。

覗き小屋　二

そこで気になるのが、目の前に広がる土盛りである。土盛りは芝生で被われていて、何とも奇妙な形をしている。すると傍に、説明板が掲げてある。しかもそこには鷹狩りの様子が、イラストで描かれている。そして説明板によると園内では以前から、鷹狩り用のアヒルを家畜として育てていたそうだ。だから鴨場にはいつも、アヒルを放し飼いにしていた。そして鷹狩りの時はそのアヒルを囮《おとり》に、鴨を誘《おび》き寄せていた。しかしそのためには、引き堀に餌を撒き、アヒルを一端誘《まね》き寄せねばならない。そして更にそのアヒルを狙う鴨を集め、その鴨を鷹に捕獲させる手法を取っていた。何とも手間の掛かる方法である。

というのは野鴨というのは元から、アヒルの後を追う習性があるそうだ。もちろん鷹匠は、そんなことは当然見抜いていた。だからわざわざ引き堀をつくり、鴨にアヒルの後を追わせた。ところがその野鴨を鷹に捕獲させるためには、常に野鴨の行動を監視する必要がある。しかし反対に、監視するこちらの様子を、野鴨に気付かれては不味い。だから自らの姿を隠す必要がある。そのためには当然、その隠す場所が必要となる。そこで鴨場の傍に、監視小屋が求められた。そ

〝小覗〟と言われる引き堀監視用の土塁

うして造られたのが、目の前の「覗き小屋」である。

すると鴨場の周囲の土塁が〝小覗〟になっている。〝小覗〟とは土塁の中央部分を抉《えぐ》り、そこに仕切り用の板塀を嵌め込み、その中央に覗き窓を設けたものである。もちろん〝小覗〟も当然鷹に気づかれぬよう、周囲の環境と一体になっている。そして覗き窓の傍に、木の板と小槌がぶら下がっている。音を打ち鳴らし、アヒルを引き堀に誘き寄せるための道具である。

しかしこのようなやり方が、いつ頃から始まったかは、まだ分かっていない。こうしてここ「浜離宮恩賜庭園」では、〝大覗〟と〝小覗〟が相俟って、野鴨を捕獲する役割を果たしている。

15 「茶室小屋」 品川・東京マリオットホテル／有時庵

◎立地　品川区北品川四丁目
　　　　東京マリオットホテル庭園内
◎最寄　JR山の手線・品川駅
◎構造　鉄筋コンクリート造、平屋建て
◎屋根　鉛・ステンレス複合板
◎外壁　チタニウムパネル

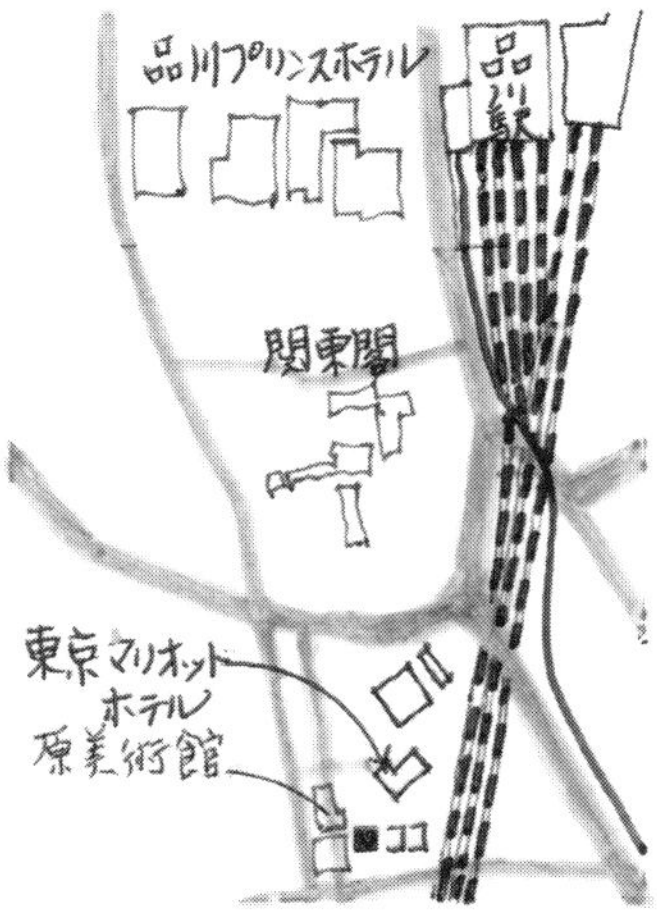

御殿山

品川の御殿山に、茶室小屋のあることを知る。その名を「有時庵《うじあん》」という。「有時庵」は日本を代表する建築家、磯崎新による作品である。そこで早速、現地へと向かう。JR山の手線、品川駅で降り、高輪口を出る。そしてそこから、ちょっと南に歩けば、そこはもう御殿山になる。御殿山は城南五山の一つである。昔から、風光明媚な景勝地として知られている。だから今でも近くには、原美術館や開東閣（旧岩崎邸高輪別邸洋館）等の名建築も残っている。

小屋入り口に繋がる露地模様

　山の手線沿いに南へ15分ほど歩くと前方に、めざす東京マリオットホテルが見えてくる。そこでホテル棟の脇を抜け、更に奥へと進んで行く。ホテルの南側は庭園になっている。しかも周囲は、鬱蒼とした森に包まれている。そんな台地を下って行くと前方に、めざす建物が見えてくる。建物は平たいようで尖っている。四角いようで丸く見える。というのも建物は廻りを木立に囲まれ、良く見えないからである。形態がはっきりしないからである。つまりここでは建物の存在自体が、曖昧になっている。というのも磯崎作品にはこれまで、これ程までに小さな建築は、なかったからである。思い浮かばなかったからである。しかも事前の印象と実際のその形態とが、あまりにも乖離《かいり》していたからである。とは言っても、小屋の前には竹扉があり、踏み石が敷き詰められている。しかも建物に向かって露地が繋がっている。するとこれは、茶道のための小屋かもしれない。否、これは誰が何と言おうと、茶道のために造られた小屋に違いない。そこで、ここではこの小屋を「茶室小屋」と名付け、改めてその建築的な魅力を探ってみることにした。

木版画

「有時庵《うじあん》」の名は、設計者自身によって号された。いわば〝有時〟という思想はもともと、禅僧道元によるものらしい。即ち「時間のない空間はなく、もちろん空間のない時間もない」ということだそうだ。つまり時間と空間とは絶えず融合し合い、お互い決して離れることがないという考え方である。こうして道元から小屋の名を命名するとは、流石、磯崎氏らしい手法である。しかし普段から俗世間にしか縁のない者にとっては、〝有時〟という思想は、ほとんど理解し難いことでもある。

ところで「有時庵」の原点はそもそも、磯崎氏が創った木版画にあるそうだ。というのも1984年（昭和59年）に、当時モダンアート界を牛耳っていたニューヨークの画廊商、レオ・キャステリ氏により、「建築展―Ⅲ」という展示会が開かれた。その展示会に、磯崎氏が木版画を出品した。そこでその木版画は、「Folly-草庵3」と命名された。そして後日、そのドローイング画を元にこの「有時庵」が建てられた。しかし実際の建物は、決して木版画通りに造られた分けではない。もちろん、その基本的な平面形状は変わってはいないが、特に屋根形状は大きく変わっている。草庵風が円錐形になっている。

正円形の屋根が広がる俯瞰した茶室小屋

円錐形

まずは小屋全体を見渡す。そしてその〝あり様〟を、じっくりと眺める。そこで気になるのが、正円形の屋根である。正方形を底面とした直方体の小屋の上に、円錐形の屋根が被《おお》い被《かぶ》さっている。しかも屋根と壁がさり気なく接している。だから建物は、いかにも簡単に納まっているかのように見える。ところが一寸頭を働かせれば、屋根と壁は簡単に納まっていないことが分かる。素直に重なっているはずがないことが分かってくる。というのも正直方体に円錐を被せれば、結局四隅の点でしか接しないからである。つまり正直方体に円錐を被せることは、それほど容易なことではない。そもそも建築的に取り合っていない。それは模型を造って検証さえすれば、誰もがすぐにその座りの悪さが分かってくる。

だからこの「茶室小屋」では、屋根と外壁の間に隙間を設けている。屋根を外壁から浮かしている。つまり意図して二つの立体を、分離させている。そのため軒下は水平となり、そしてそこには、ステンレスパネルが貼られている。こうして「茶室小屋」は二つの立体を、無理矢理重ね合わせた形態になっている。

屋根材は鉛とステンレスの複合板、そしてその葺き方は立ハゼ葺き。しかもその中央には、採光と換気を兼ねた腰屋根が立ち上がっている。けれど軒先に雨樋はない。そんな野暮なものは、付けていない。雨は垂れ流しのままである。そこで大外《おおそと》には、雨に対応した排水溝が廻っている。しかもそこには屋根瓦が、小端立てに埋め込まれている。そしてその方向が全て、小屋の中心に向かっている。結果、屋根の立ちハゼと瓦の向きが一致している。つまり屋根と排水溝が同一にデザインされている。ここでは天と地が一体になっている。外壁は分厚いスペイン産のライムストーン貼り。ところが既に色合いが煤けている。けれどそこには、様々な形状の開口部が穿《うが》たれている。正方形の躙り口があり、斜めのスリット窓あり、そして隅には、半円形の窓まで空いている。こうして「茶室小屋」には、様々な形態の開口部が溢れ出ている。

現代風数寄屋

ところで〝数寄屋造り〟とは一体何か。そして日本建築史に於いてはこれまで、どのように捉えられてきたのか。要するに〝数寄屋造り〟とは、それまでの〝書院造り〟を崩しながら少しずつ変化させ、最終的に今の形態に辿り着いたとされている。確かに〝数寄〟という言葉は、〝好き〞という言葉と繋がっているとも考えられる。多分そうである。否、きっとそうであるに違いない。つまり言葉の上では〝好き〞が次第に、〝数寄〞に変わっていったのである。そして〝数寄〞という言葉には、「数多《あまた》の品を寄せ集める」という意味もあるようだ。つまり茶の湯の世界では物の本質より、如何に多くの、そして如何にも珍しい物を、寄せ集められることが重用されたからである。だから通常なら奇妙と思われるモノでも、珍重されたのである。従って〝数寄屋造り〞というのは、〝何でもあり〞の精神を、選り集めて生まれた様式とも考えられている。

ところがここ「有時庵」では、もっと崩した〝数寄屋造り〞が考えられている。例えば〝数寄屋造り〞を逆手に取り、日本古来の素材を使うことなく、世界の素材が使われている。そこで海外から、ありとあらゆる建築材料が集められた。例えば鉛、ステンレス、アルミ、チタニウム等の金属板を始めとして、市場に滅多に出回ることのない、変種の石材や木材までもが寄せ集められた。そして通常であれば、とても使用することも憚《はばか》れる、建築材料まで選定された。そしてこれでもかという程までに使用された。こうして「茶室小屋」には磯崎氏独自の〝見立て〞と〝取り合わせ〞により、他種多様な素材が使用され、そしてあらゆる構成材が集約されている。

そこで小屋の建築的魅力を探し出し、拾い集めてみた。ところが普段、小屋の内部は一般公開されていない。そのため内《なか》を見ることができない。そこで止むなくホテル側の資料を参考にしながら、小屋の周囲を観察してみる。すると正面外壁が出入り口の隙間から、奥へ奥へと入り込んでいる。しかも曲った壁がうねりながら、奥へと貫入している。つまりこの壁の形態には、磯崎氏独自の曲線が用いられている。そこには女優マリリン・モンローの体型を、そのまま切り取った曲線が使われている。しかも外壁は鈍く輝く、チタニウムパネルで出来ている。

内部は曲り壁を境に、二つに分割されている。土間と和室に分れている。和室の広さは二帖台目。部屋には炉が切られ、床の間が設えられている。ところで二帖台目とは、畳二帖に〝台目畳〟を加えた広さのこと。因に〝台目畳〟とは、一帖畳の長手から、台子と風呂先屏風の置ける幅を除いた長さの畳のことである。つまり実質の畳の大きさは、一帖の約$\frac{3}{4}$となる。序《つい》でに台子とは、茶室に設ける棚のこと。結局「茶室小屋」のあらゆる箇所が、現代風数寄屋造りになっている。ところが小屋造りは如何にも現代風でも、小屋へと続く露地には、きちんと和風の踏み石が敷き詰められている。しかも竹戸で仕切りもされている。しかし今建物は、何れにしても閉ざされたままである。だから関係者以外には普段、「茶室小屋」の〝あり様〟を、知らされることはなさそうである。

待合い処

露地の先に待合い処がある。露地に待合い処を設けるのは、茶道のしきたりだそうである。けれどその待合い処も又、独特の形態をしている。その平面形状は〝くの字〟型をした三角形、そして更にその上に、半月状した屋根が乗っかっている。いわば三角形の頂点を、曲線で繋いでいる。しかもそこには、広い一枚の鋼板が使われている。だからその勾配は、単純な片流れになっている。そしてもちろん小屋の内《なか》には、腰掛けが設えてある。しかも又その腰掛けが、驚き物である。何と菱形の板一枚。その上外壁から持ち出されている。だから憎い程、何とも素っ気ない

小屋の脇に佇む三角形状の待合い処

納まりである。しかしその造りが、どんなに現代風でも、その設えは、あくまでも伝統に倣っている。

　こうして品川御殿山の地には、正方形の小屋、円形の屋根、そして三角形の待合い処と、都合三つの異なる幾何学模様が取り込まれている。そしてそこには形式主義に基づいた、新たな空間が屹立している。そして限りない、飽きることなき空間と時間が存在している。こうして「茶室小屋」との別れを惜しみつつ、最後にもう一度振り返ってみた。するとそこには、都会の風雪に耐え抜き、煤まみれになった小屋の姿があった。

16

「接客小屋」　新宿・河田町／衛兵の小屋

◎立地　新宿区河田町
◎最寄　都営大江戸線・若松河田駅
◎構造　鋼板平屋建て
◎屋根　鋼板塗装
◎外壁　鋼板塗装

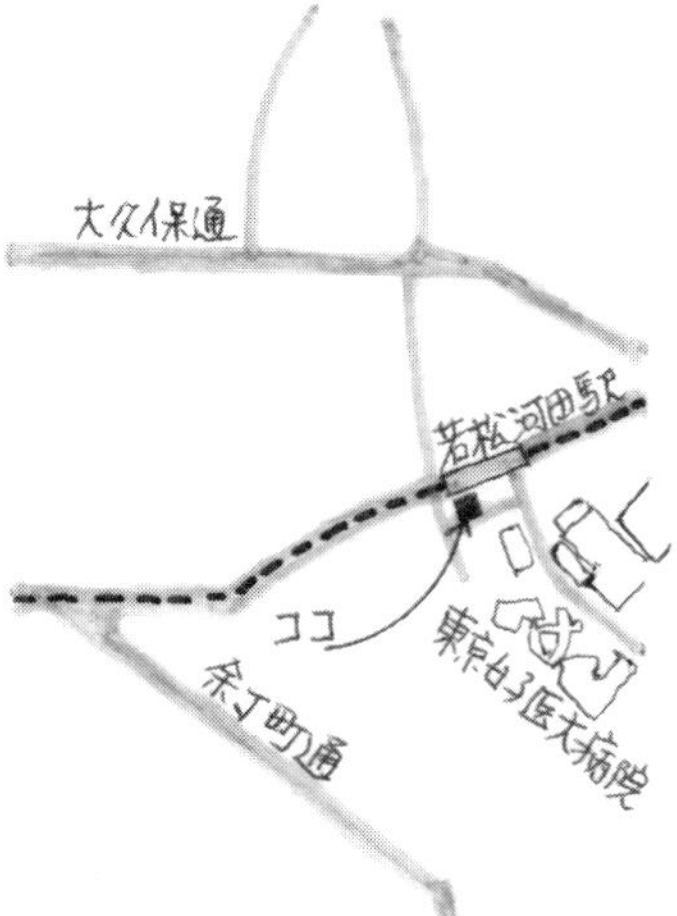

瀟洒な洋館

新宿は東京でも、最大の街である。しかも街の奥は深く際限がない。境目が分からない。東から西、そして北から南まで広がっている。そこで今日はいつもの繁華街を避け、東方面を歩くことにした。するともしかしたら、珍しいモノに出会えるかもしれない。きっと、掘り出し物を見つけられるかもしれない。だからより興味が沸いてくる。それで早速、裏町の散歩と洒落込むことにする。新宿駅から地下鉄大江戸線に乗り、三つめの若松河田駅で降りる。ところが同じ新宿

旧小笠原伯爵邸の入り口側外観

の街でも若松河田駅は、ＪＲ新宿駅との直線距離は意外と短い。ところが空間的にはとても遠い気がする。だから大江戸線はややこしい。

そして階段を上れば、既にそこは河田町の街。閑静な住宅街になっている。辺りは江戸の頃、九州小倉藩の下屋敷があった処。だから周囲には、何故か華麗で妖艶な雰囲気が漂っている。今にも物陰から、江戸川乱歩の探偵小説「怪人二十面相」が、現われてきそうである。辺りには、そんな雰囲気が蠢《うごめ》いている。ここでは建物が街の空間を支配している。

そこで駅前の案内図を見る。するとそこに、旧小笠原邸が記されている。旧小笠原邸は以前から気になっていた建物の一つである。しかも振り返れば直ぐ後方に、建物が既に見えている。旧小笠原邸が建っている。ならば何が何でも見たくなる。

ところで小笠原家とは、日本における礼儀作法を伝承する、江戸時代からの流派である。その伯爵の一人小笠原長幹《ながよし》が1927年（昭和2年）に、この地に瀟洒な洋館を建てた。というのも先の関東大震災で、以前あった洋館が倒壊したためである。だから今度の建物は耐震性を重視し、鉄筋コンクリートで建てられた。そして本格的なスパニッシュ様式でもあった。設計は曾禰中條建築事務所が担当した。しかもその中心を担ったのが、曾禰達蔵である。彼はコンドルから薫陶を受けた、工部大学校の第一期卒業生、四人衆の一人である。

スパニッシュ様式

さてその旧小笠原邸である。もちろん邸宅である。ところが邸宅だろうがなかろうが、建物ならば当然、時間と共に老朽化していく。そしてもちろん、その価値も半減する。だから一時は、取り壊しも検討されたようだ。ところがちょうどその頃全国的に、保存・再生の機運が高まり、建物は幸いにも修復されることになった。しかし邸宅としてではなく、高級スペイン料理店を前提とされた。だからその佇まいには、以前のスパニッシュ様式がそのまま継承された。そして外壁は、柔らかなベージュ色で纏められた。しかもそこには、凹凸模様が施されている。また所々には小庇の付いた、アール状の小窓も開いている。

ところが屋根面は、周囲からは見通せない。外壁面が上まで伸び、軒庇は付いていない。というのも外壁が、パラペットの役割を果たしているからである。そしてパラペットの上部は、半筒状のスパニッシュ瓦で押えられている。そこで空の碧さを水平に断ち切っている。そしてその空

青緑色に塗られた接客小屋の外観

の碧さを突き刺すように、四角い煙突が聳えている。

そこで入り口周りを見廻す。周囲はアールデコ風になっている。額縁に縁取られている。しかも上部壁には、渦巻き型の文様まで描かれている。そこには葡萄をモチーフにした蔦が絡《から》まり、そして実が生《な》っている。文様は平滑な外壁に抗《あらが》うかのように、存在感を発揮している。こうして入り口周りには、溢れるばかりの絵模様が散りばめられている。そして軒には、大きな鉄製格子のキャノピーまで吊るされている。しかも更にそこには外壁に倣い、葡萄のデザインが施されている。蔦が這い廻り、葉や実が成っている。鉄製格子がその風格を高めている。辺りには昭和初期を思わせる、きらびやかな装飾で満ち溢れている。

三つの開口

ところで旧小笠原邸は現在、高級スペイン料理店として営業中である。しかもその名を「小笠原伯爵邸」と称している。だからここは恐れ多くも、その高級料理店の入り口である。つまり料理店のお客様対応は、入り口に到着したお客様を、内《なか》までご案内するサービスシステムになっている。そこで気が付けば入り口の傍に、小屋が建っている。否、小屋が置いてある。するとこれは、きっと接客係が装いを整えるための小屋に違いない。誰が見てもお客様をご案内する、接客係のための設えに違いない。だから内《なか》にはもちろん、接客係いるはずである。コンシエルジュがいるはずである。そこで、ここではこの小屋を「接客小屋」と名付け、改めてその建築的な魅力を探ってみることにした。

まずは小屋全体を見渡す。そしてその〝あり様〟を、じっくりと眺める。そこで気になるのが、その佇まいである。小屋は伯爵邸を先導するように、神妙な姿を見せている。外壁は煤けた青緑色に塗られている。まるでその姿は、オーバーコートを纏った衛兵のようでもある。小屋は塔状、しかも屋根は緩やかな四角錐。そして壁には腰布が巻かれ、外形は末広がりになっている。また中央鉢巻き部の正面には一台、アルカイックな街灯が付いている。だからその佇まいが、一層引き締まって見える。

そこで漸く内を覗く。床はモルタル仕上げ。内は大人一人が入れば目一杯の広さである。そし

アルカイックな街灯が付いた正面外観

て入り口を除く三方には、同じ形状の四角い穴が空いている。ところが穴を開けた意図が分からない。あってても、なくてもよい窓にも思える。明かり取りのためなのか、風通しのためなのか、その意味が掴めない。しかも良く見るとそこには、硝子が嵌っている。ということは、風は通らない。すると、通風用の窓ではない。しかも入り口には大きな穴が空いている。だから風は否でも入ってくる。では採光用の窓か。確かに採光用ならば、穴を空けた効果はある。けれど入り口には始めから、大きな穴が空いている。だから穴がなくとも光は入る。すると採光用の窓でもない。

そこでふと気がついた。これはあくまでも御到着のお客様を、接客係がお迎えするための小屋である。そのためには、例え接客係が小屋の内にいても、お客様がご到着されたことに気が付かなければならない。気付くのが、遅くなっては上手くない。お客様に対して失礼になる。そこで小屋の左右に窓が切り取られた。お客様の到着を見通すために開けられた。そして突き当たりの窓は左右に倣い、余分として付けられた。そうして考えればモノゴトは、至って単純なことだった。

人体図

そこで小屋の建築的魅力を探し出し、拾い集めてみた。小屋はその広さといい、更に高さといい、とても小さく出来ている。だから内に入って腕を横に伸ばそうとしても、そう簡単には伸ばせない。ましてや上には、到底伸ばせない。だからもちろん、足も広げられない。要はニッチもサッチもいかない。どちらにしても、壁や天井にぶつかってしまう。そのため内でできるのは、ただ突っ立っていることぐらいである。

ところで建築における人体図といえばすぐに、「ウィトルウィウス的人体図」が思い浮かぶ。ウィトルウィウスとは、ローマ時代に名を馳せた建築家の名前である。そして彼は、10巻もの「建築書」を表している。そして人体図とは、彼が描いたスケッチ画である。男性の全裸像で、人間のプロポーションを表現している。そこではいわゆる「黄金比＝1：1618」を示している。

そこでこの小屋の内でも、人体図のような体勢が採れないかと考えた。両腕を左右に広げたり、両脚を逆V字型に広げたりできないかと思った。しかしどう考えてもそこに、そんなスペースなどない。到底、人体図みたいな格好は出来そうもない。そこで小屋の寸法を計ってみた。すると胴回り寸法が90㎝角。そして裾の下端はちょうど、1mになっていた。裾がスカート状に、若干広がっていた。そこでついでに小屋の高さも測った。すると屋根の天辺で2・4mあった。又開口部の高さは床から135㎝、その大きさは45㎝角であった。けれど内は思った以上に広かった。ちょうど畳半分の広さがあった。これ程広いとは、少し驚きだった。しかも上には、腕を伸ばす余裕もあった。それでも「接客小屋」は、世界で一番小さな建物であることに違いはない。そこでお店の方にお話を伺った。小屋は2000年に、わざわざイタリアまで発注して、設えられたそうだ。だからサイズはイタリア人を基本として造られている。しかし今は「接客小屋」としてではなく、あくまでもレストラン用オブジェとして置かれているようだ。そのための小屋である。だから内を覗いても、そこには誰もいることはない。

17 「礼拝小屋」 世田谷・若林／東京聖十字教会

◎立地　世田谷区若林四丁目
◎最寄　東急世田谷線・松蔭神社前駅
◎構造　木造平屋建て
◎屋根　カラー鋼板葺き
◎外壁　カラー鋼板葺き

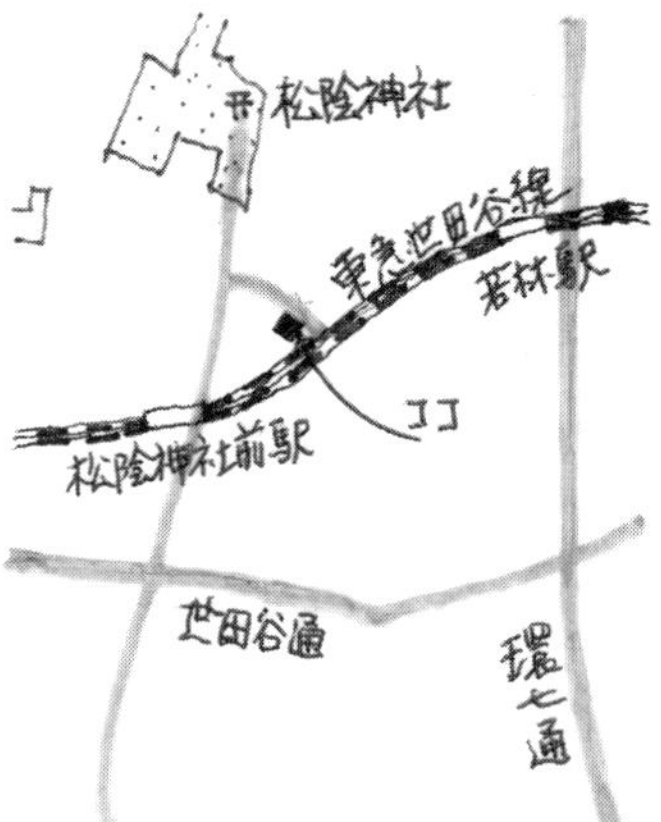

レーモンド

東京の世田谷に、建築家アントニン・レーモンドの設計した礼拝堂があることを知った。そこで早速見に出かけた。まずは東急世田谷線、三軒茶屋駅に向かう。ここは東京でも珍しい、私鉄の起終点駅である。そこから電車に乗り、三つめの松陰神社前駅で降りる。駅前から続く商店街を北に向かい、直ぐに右手の路地に入る。するとそこに、小さな礼拝堂がある。辺りは閑静な住宅地である。確かにこの辺りは、もちろん知る人は知っている、そして知らない人は全く知らな

尖頭アーチ状の入り口側外観

い、そんな一角になっている。

ところでレーモンドは、1888年チェコ生まれ。地元プラハ工科大学で建築を学び、1920年代前半にアメリカに移住。移住後は、かのフランク・ロイド・ライトの薫陶を受け、そしてライトが受注した帝国ホテルの監理業務を補助するため、助手として初めて来日する。けれど彼は業務完了後も帰国することなく、そのまま日本での居住を選択する。そしてそれからも、日本の風土に合った作品を創り続ける。ゆえにレーモンドは日本でも、沢山のモダニズム建築を残している。例えば教会であれば、カトリック聖パウロ軽井沢教会や、新潟のカトリック新発田教会などがある。しかも嬉しいことにここ世田谷の地にも、地域に根ざした礼拝堂が昔のまま残っている。奇跡である。そして今でも、愛され続けている。

するとこれは、礼拝するための小屋かもしれない。否、これは誰が何と言おうと、礼拝のために造られた小屋に違いない。そこでここでは、この小屋を「礼拝小屋」と名付け、改めてその建築的な魅力を探ってみることにした。

東京聖十字教会

ところで「礼拝小屋」の正式名称は、「東京聖十字教会」という。1924年(大正13年)に設立された。というのもそのきっかけは、1923年に発生した関東大震災に依っている。つまり教会は、震災で罹災した人々に対し、少しでも精神的な支えになればという思いで造られた。そして都心から移り住んできた人々への支援から、その伝道が始まった。

当初教会は、日本聖公会に所属するプロテスタント教会として発足した。けれど現在は、カトリック教会としての伝統も大切にしながら、布教活動を続けているそうだ。だから二つの教会の橋渡し教会(ブリッジ・チャーチ)とも、言われている。ところで現在のプロテスタント教会は東京の街に、東方教会の流れを汲む教会を含めると、35あるそうだ。

ところでその活動は形式を重んずることなく、質素を第一の旨としている。要は堅苦しさのない、親しみ易さを特色とした教会である。しかしそうはいっても、やはり教会は教会である。だからその目的は、あくまでも信者達が、神様への賛美と祈りをささげることにある。そこで、神様に自らの救いを求めるために造られたのが、この「礼拝小屋」である。

礼拝室から十字架方向を見る

尖頭アーチ

まずは小屋全体を見渡す。そしてその〝あり様〟を、じっくりと眺める。そこで気になるのが、その大きさである。見る前はもっと、小さい建物かと思っていた。小屋らしいイメージを抱いていた。ところが出会ってみたら、建物は何と予想以上の大きさだった。とても小屋と言えない規模を有していた。もちろん、奥行きもあった。しかし教会ともなれば確かに、これ位の大きさが必要なのかもしれない。沢山の信者が礼拝するための教会としては、この程度の規模は、当然なのかもしれない。そこでその大きさを確かめるため、礼拝室の中へ入ってみた。そして実際の大きさを、目で確かめてみた。するとそこは、一室空間になっている。室の中には中央の身廊と、内陣があるだけである。したがって思っていた以上に、礼拝室は広い。そして身廊空間も高い。

そこで早速礼拝室の椅子に座り、神聖な空間に身を任せることにした。すると正面のアーチ状の壁と、中央の十字架が目に飛び込んで来た。そして十字架の前には朱色の絨毯が敷かれ、説教台やオルガンが置かれていた。それでも全てが皆、質素である。質素そのものである。そこで漸く気持ちを落ち着かせ、礼拝室全体を見渡した。すると室内には、一本の柱も立っていない。そして天井にも、一本の梁も飛んでいない。いわば小屋組は洋小屋でもないし、まして和小屋でもない。要はトラス式でもなければ、束立て式でもない。つまりここでの小屋組には、尖頭アーチ又は、ゴチックアーチといわれる工法が採用されている。尖頭アーチとは、左右の柱がそのまま曲線を描き、中央の一点で交わる小屋組のこと。つまり両手の真ん中三本の指先を、付き合わせたような形になっている。因に尖頭アーチは、通常の半円アーチに比べ、中央により大きな力を加えることができるそうだ。だからここでは、より強固な軸組が構成されている。変わった小屋組の方式が採用されている。というのも何れにせよこの小屋が、教会建築だからである。

見上げれば棟の中央には、越屋根が建ち上がっている。そこが、サイドライトになっている。採光と換気の装置になっている。しかもそこから、早春の陽光が降り注いでいる。礼拝室全体に優しい空間が満ちあふれている。

安価な材料

そこで小屋の建築的魅力を探し出し、拾い集めてみた。室内の仕上げは天井から壁も含めて全て、ラワン合板のままである。というのもこの建物が建ったのはまだ、日本経済が成長する前である。だから室内仕上げには、安価な材料が使用された。使用せざるを得なかった。仕方がなかった。ところが構造部材には既に、集成材が使われている。逆に時代を先取りしている。しかも全てが、飴色に塗られている。例えどれだけ安価な材料でも、仕上げに関しては、決して手を抜いていない。しかし欲を言えば祭壇ぐらいはもう少し、見栄えがあっても良いかと思う。というのもそこは神父が礼拝を導き、そして説教をする場である。けれどそこの仕上げも他と同じ、ラワン合板のままである。ところが仕上がり具合は抜群で、とても肌合いが良い。だから最後は材料の良し悪しも忘れ、逆に心地良ささえ感じてしまうのである。

　ところで祭壇にも増して後ろの十字架にも、安価な材料が使われている。否、決して高価とは言えない。それは単に、角材を組み合わせただけのものである。何とも簡単な造りである。というのも、どんな見習い大工でも二本の角材を、十字に組むことぐらいはできる。ちょっとした継ぎ手加工の腕さえあれば、角材を十字に組める。ここではその程度の加工技術を、神様に捧げている。けれど通常ならそんな姿勢を、神様に提案できない。恐れ多くて決断できない。ところがレーモンドは、そんなことには頓着しない。十字架の加工までこだわっていない。だから安易な加工を平気でやってのける。だから誰しもが、その勇気に頭が下がる。

　こうして仕上げは質素だがその一方、身廊に置かれた椅子の出来映えが、これがまたすばらしい。その姿形《すがたかたち》はいたって単純だが、全体に重厚感を感じさせる。その上可愛らしくもある。しかも形に無駄が無いから、全体にまとまりがある。その上構造材と同じ集成材で加工されている。こうして低予算にもかかわらず、信者の手が触れる処ほど、細かな神経を注いでいる。けしてデザインに手を抜くことはしていない。そこでレーモンドは、そんなデザインについて、著書『私と日本建築』のなかで次のように述べている。

「デザインにあって、表現の方法が単純化するほど、真の理念に近づき、表現が強くなり、力に溢れ、さらに真実に近づき、美となる。」と。そして更に「ひとつの建築を通して、ひとつの材料、ひとつの色、ひとつの肌ざわりを、一貫して理論的に用いれば、変化の多い場合にくらべて、美しくなる機会がはるかに多い。ひとつの構成の中で、主題《モチーフ》が少なければ少ないほど、構成はよくなる機会が多い。」と。こうしてここでは全てのパーツが、寸分の狂いも無く出来上がっている。流石レーモンドだ。だから礼拝室は、今も当時のままで生きている。

ステンド硝子

振り返れば入口の上には、大きな明かり窓が切り取られている。しかも窓は木製格子で縁取られている。ここは教会である。当然そこには、華やかなステンド硝子が嵌まっているはずである。ところがどうもそれは、ステンド硝子には見えない。ステンド硝子もどきのようである。そこで神父さんに、本当の所を伺った。その真意を確かめてみた。するとは窓はステンド硝子ではなく、全てプラスチック板で被われているらしい。しかもその上から、カラースプレーが吹かれているそうだ。確かに言われてみれば窓は、赤、青、緑、そして黄色の四色に塗り分けられている。だから良く見ると、所々に心なしか色むらが見えている。ところがその斑《むら》が却って、「礼拝小屋」の趣を高めている。内陣の暖かみを、より増している。何とも心憎い発想である。

入り口上部のステンド硝子もどき窓

確かに「礼拝小屋」の造りは、至って素っ気ない。それでも神父さんによれば、例え礼拝堂は質素でも、室内の音響効果は、実にすばらしいとのこと。と言うことは、尖頭アーチの小屋組形態が、きっとその効果に一役買っているに違いない。そうと聞けば例え仏教徒でも、一度は、この礼拝堂で賛美歌を聞いてみたくなる。唄いたくなる。こうして「礼拝小屋」は人々に、今もその面影を伝えている。

そして入り口から再び外へ出ると、その右下隅に定礎板が嵌め込められている。そこでこの小屋が、1961年の竣工であることが分かる。

18

「掩体小屋」

調布・調布庭園／掩体壕

◎立地　調布市、調布庭園内
◎最寄　京王線・調布駅北口
　　　　西武バス・大沢コミュニティセンター前
◎階数　平屋建て
◎構造　鉄筋コンクリート造
◎屋根・外壁　鉄筋コンクリート造

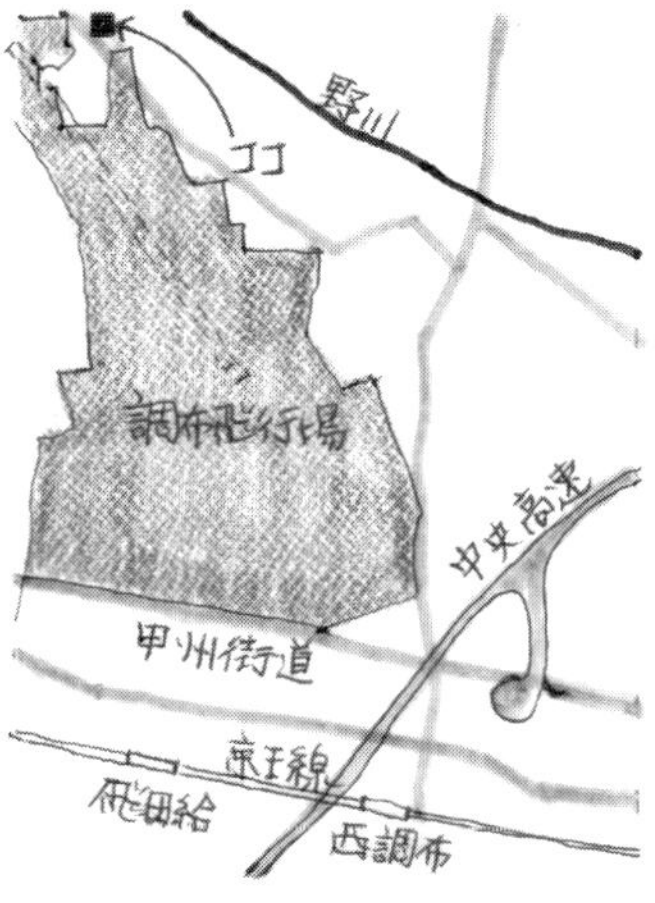

掩体壕

東京の西、調布飛行場の付近に、奇妙な物体があることを知る。しかも今もまだ、以前のままの姿で、残されているそうだ。そこで早速見に出かけた。新宿から京王新宿線に乗り、調布駅で降りる。駅前北口からバスに乗り、大沢コミュニティセンター前で降りる。そしてバス停から続く桜並木を、西に向かって歩く。夕陽が輝いている。20分程歩くと、漸く目的地に着く。

遠方には長い滑走路が見えている。調布飛行場である。嘗ては旧帝国陸軍の防空基地があった

土に被い隠された掩体小屋の外観

そうだ。だから戦時中は、爆撃基地として使用されていた。だから戦後しばらくは、アメリカ軍により接収されていた。

ところで現在飛行場は、東京都が運営管理している。そのためここから伊豆七島まで、プロペラ機が発着しているそうだ。だから直接大島、新島、そして神津島まで、飛んで行くことができる。すなわち東京の街も、西の郊外と東の離島が、航空便で繋がっている。けれど何となく、不思議な気持ちになる。そういえば映画『男はつらいよ』、第36作「柴又より愛をこめて」では、この飛行場が舞台になっている。

桜並木が途切れると突然、とても奇妙な物体が現われる。これまで見たこともない物体である。目の前に、何とも言いようのない物体が鎮座している。しかも物体は、地面と一体化している。そして、じっ〜と大地に這いつくばっている。だから妖怪のようでもある。更に土を盛り上げ、今まさに地球の奥深くから地上へ、這い上がろうとしている。

ところでその物体とは何か。その実体とは何か。じっと思考してみた。そして思考を巡らせてみた。すると、どうもこれは格納庫らしい。つまり戦争中、敵の攻撃から航空機を秘匿するため、造られたものらしい。しかもそんな格納庫のことを、〝掩体壕《えんたいごう》〟と言うそうだ。しかしそんなもの、これまで全く知らなかった。知る術《すべ》もなかった。もちろん、見たこともなかった。ところがこの付近には戦時中、何と六十基もの〝掩体壕〟があったそうだ。想像以上の数である。

ところが今では、そのほとんどが解体されている。しかも今も残っているのは、わずか四基だけらしい。ところで〝掩体〟とは戦《いくさ》の際、味方の射撃行動を相手の攻撃から掩護する諸設備のことだそうだ。そこで〝掩体壕〟とは、〝掩体〟のために掘られた壕のこと。つまり〝掩体壕〟とは戦闘機を埋めて秘匿し、格納しておくために造られた壕のことである。

するとこれは、掩体としての小屋かもしれない。否これは誰が何と言おうと、掩体として造られた小屋に違いない。そこで、ここではこの小屋を「掩体小屋」と付け、改めてその建築的な魅力を探ってみることにした。

迷彩服の妖怪

まずは小屋全体を見渡す。そしてその〝あり様〟を、じっくりと眺める。そこで気になるのが、その異様な形態である。しかも奇妙である。一見ここだけ、台地が盛りあがっている。緑の固ま

シャッタで閉ざされた入り口側の外観

りが露出している。だから周囲の環境が、治外法権化している。しかし「掩体小屋」はあくまで、戦闘機を保管するための格納庫である。そこで格納庫には、二つの重要な役割が求められている。まずその第一は、戦闘機を格納しておくことにある。敵国から戦闘機を隠蔽しておく役割である。つまり戦闘機の在処を、敵側に気付かれては困るからである。存在を知られては困るからである。当たり前のことである。そのため格納庫には当然、敵国の偵察機に発見されにくい形態が求められてくる。

そして第二の役割は、ここから敵機攻撃に向かうことである。だから緊急時には当然、戦闘機が円滑に発進できる開口部が必要となる。つまりそれ相応の出入り口の幅が必要となる。だから小屋の前面には、大きな開口部が空いている。そこで漸く、格納庫に与えられた二つの役割を果たしている。するとここまでの思考回路は、実に明解である。

こうした思考を素直に実践に移してみると、「掩体小屋」の形態は必然的に、周囲の環境と一体とならざるを得ない。そこで小屋全体が、土草で被われる。そしてその形態は、迷彩服を纏った〝あり様〟となって行く。だから戦時中この辺りは、雑木林一面に、転々と小山が盛り上がっていたそうである。要するにそれまで「掩体小屋」を、見たことがない者には、何とも不気味な様相を呈していたようである。

変形六角形

そこで小屋の建築的魅力を探し出し、拾い集めてみた。まずは、その平面形状を確認する。けれど如何に小屋とはいえ、要は格納庫である。そのためには当然、それ相当の大きさが要求される。戦闘機に見合った広さと高さが要求される。だから小屋の規模は、予想以上に大きくなった。そのためその長さは、結果として縦横共、優に10ｍを越えている。

かといって中には、戦闘機が隙間なく納まる必要がある。しかし無理もせず、納まる必要もある。けれど戦闘機には前方にも羽根があり、そして後方には尾翼が付いている。つまり戦闘機の平面形態は、前方が幅広で後方が窄《すぼ》まっている。いわば変形六角形になっている。しかもその高さもその形状に合わせ、当然前方は高く、後方は低く抑えてある。そしてもちろん収納口も、戦闘機に合わせた形状で決定されている。結局「掩体小屋」には、戦闘機を格納するための、最小限の空間造りがなされている。

小屋の外壁面はゴツゴツしている。見るからに岩の固まりである。しかしその周囲はネットフェンスで被われ、触るどころか、近づくことさえできない。しかも扉は普段閉鎖され、内部を見ることさえ出来ない。残念なことである。そこで、だからかどうかは知らないが、その代替として正面鉄扉には、戦闘機〝飛燕〟の姿が描かれている。

小屋の屋根本体は、三本のアーチ型軸組みが掛けられ、それに分厚いコンクリートスラブが被っている。中央部は凹み、反対に前方と後方が盛り上がっている。要するに鞍の形をしている。その高さは凡そ1・8m程。そしてスラブの厚みは何と、40cmもありそうだ。

さてそこで小屋の躯体は、リブ付きヴォールトとシェルという、二つの構造を組み合わせた形式で造られている。いわば混構造になっている。因にシェル構造とは、貝殻の形態に倣《なら》い、それを建築の構造に応用した考え方である。つまり貝殻の曲がり具合を応用した、構造システムである。確かにどんな貝殻でも、深い水圧から自分を守るための形態を保持している。すなわちそれがシェル構造である。そう言われれば何となく、分かったような気もしてくる。

そして小屋の後《うしろ》の壁面は、正面と同様筒抜けになっている。離陸時におけるエンジンからの、排気ガスを逃がすためである。そしてその開口部の大きさは、横幅2・5m高さ60cm程である。しかしこれまでの数値は、全て目測である。というのも、実測不可能だからである。ところが、はっきりしていることもある。スラブの各所から鉄筋が露出していることである。しかも鉄筋は錆びている。ただからそこは、モルタルで補修してある。こうして小屋全体に、かなりの劣化が見られる。ところで「掩体小屋」には、〝掩体「大沢一号」〟という名称が付けられている。つまり〝大沢〟とは、この辺りの地名だそうである。

アノニマス建築

そこで「建築」の初心に戻り、その歴史的な成り立ちについて考えてみた。いわゆる「建築」とは、古代の権力者が自らの力や権威を、建物で表現することから始まった。つまり「建築」は、権力者がそれを維持するための道具として誕生した。例えばギリシャやローマ時代の、神殿や教会そして宮殿など、全て皆そうである。そのため「建築」には始めから、優れた表現そして優れた造形が求められた。そこで多くの建築家達は、自らの表現力や造形力を、我武者羅に磨いた。磨くことが必要とされた。そしてそここそが、建築家の腕の見せ所でもあった。しかも建築家には、更に自らの作品を世間に膾炙《かいしゃ》する力も要求された。自らの実力以上の優秀性を誇張する力も必要とされた。というのも、如何に自分だけが、創造力のある建築家と思っていても、世間に作品を問わなければ批判もされないし、評価もされないからである。そして最後は、あってもなくてもよい作品として、世間からは見過ごされてしまうからである。

だから建築家が世間で著名になるためには、如何に自分の作品を世に知らしめられるかが必要となる。求められる。すると、そんな王道を目指している建築家には、こうした「掩体小屋」のような建築があることなど、考えもつかない。目の前の世間に問えない建築の存在など、到底考えも及ばない。しかし「掩体小屋」は始めからその〝あり様〟が、建築家が求める方向とは異なっていた。自らの存在を、消去する運命にあった。そうせざるを得ない宿命を背負っていた。自

掩体壕と戦闘機〝飛燕〟の模型

らの評価を、世間に問うことなど、けしてなかった。考えられなかった。もちろん建築家側にも始めから、そうした発想などなかった。持ちようがなかった。だから「掩体小屋」は、これぞ究極のアノニマス建築となった。

現在小屋の傍には、戦闘機〝飛燕〟と掩体壕の模型が飾られている。縮尺十分の一の立派なブロンズ製である。するとここ調布飛行場の付近では、模型の〝飛燕〟も掩体壕も同時に、夕陽に照らされることになる。しかも戦闘機〝飛燕〟の傍には、一本の大きな桜の木がある。多分春になれば花弁《はなびら》は、満開に咲き誇るにちがいない。しかしその花弁も、一度開けばいつかは散る。武蔵野の戦闘機と桜のコラボレーション。何故か物悲しくなる。

19 「標庫小屋」 永田町・国会前庭／日本水準原点標庫

◎立地　千代田区　国会前庭〈北地区〉
　　　　尾崎記念館敷地内
　　　　（建物内拝観、期間限定）
◎最寄　東京メトロ丸ノ内線・国会議事堂前駅
◎構造　石造平屋建て
◎屋根　アスファルト・ルーフィング葺き
◎外壁　安山岩

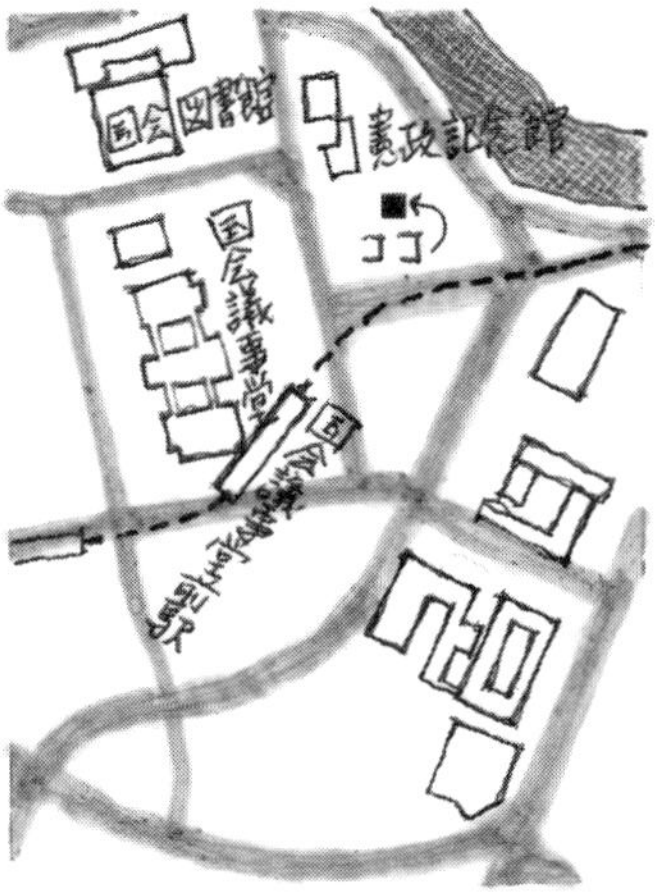

原点標庫

今日は東京の街の数多《あまた》ある小屋の中から、「日本水準原点標庫」を訪ねることにした。というのも、その風貌といいその佇まいといい、これほど小屋として相応しい建物は、他に見当らないからである。いわば小屋の代表格である。そこで早速、現地へと向かう。地下鉄丸ノ内線に乗り、国会議事堂前駅で降りる。「原点標庫」は国会前庭・北地区にある。辺りは小高い丘になっている。周囲には木立が生い茂り、都心とは思えないほどの緑に溢れている。だから、暫《しば》しここが都

トスカナ様式で纏められた正面側の外観

心のド真中だということを忘れさせてくれる。

〝日本水準原点標〟は全国標高の統一基準として、明治24年（1891年）に設けられた。いわば水準測量を行うための、物差しの役割を荷なっている。そこでその〝原点標〟を保護する目的で「日本水準原点標庫」は、建てられた。要は「原点標庫」とは、基準物差しを仕舞っておく、倉庫みたいなものである。するとこれは、〝原点標〟を保管しておくための小屋かもしれない。否、これは誰が何と言おうと、〝原点標〟を保管する小屋に違いない。そこで、ここではこの小屋を「標庫小屋」と名付け、改めてその建築的な魅力を探ってみることにした。

建物を設計したのは建築家、佐立《さたち》七次郎（1856年〜1922年）。当時の工部大学校造家学科（現在の東京大学建築学科）、第一期卒業生、四人の内の一人である。因に残りの三人は、辰野金吾、片山東熊、そして曾禰達蔵である。もちろん皆、錚々たるメンバーである。しかし他の三人に比べ佐立は、特に目立った作品を残していない。だから世間ではそれほど、その名は知られていない。それでも目の前に建つ「日本水準原点標庫」が、佐立の作品の一つであることは確かである。

トスカナ式

まずは小屋全体を見渡す。そしてその〝あり様〟を、じっくりと眺める。そこで気になるのが、妻側の破風である。ローマ神殿風になっている。いわば四角い箱の上に、三角柱形の屋根が、横倒しになっている。しかもその破風には、レリーフ（浮き彫り）模様が施されている。因に西洋建築ではこうした装飾のことを、ペディメントという。つまりこの小屋の外観は、西洋建築様式で纏められている。というのも建物が計画されたのが、明治の初めの頃。いわば日本が漸く、近代化を押し進め始めた時期である。だから当時の新しい建物のほとんどが、西洋の歴史建築を見倣った。つまり西洋の古典建築様式を踏襲した。

そのため小屋の外壁は石積みとなっている。そこには安山岩が使用されている。通称〝横根沢石〟といわれる、軟石の一種である。伊豆半島の横根沢で産出されるため、その名がついている。

そして小屋のオーダーには、イタリア中部のトスカナ式が用いられている。オーダーとは、西洋建築における建築様式のことである。それは基壇、円柱、そしてエンタープラッチャと、それぞれ三つの要素について、比例、装飾、体型をまとめた様式のことである。

そこでオーダーにはこれまで、五種類あると言われている。まずはギリシャ時代に生まれたドリス式、イオニア式、コリント式の三つである。それから後、ローマ時代のトスカナ式、そしてコンポジット式の二つが加わった。だから都合五つである。しかもその中でもトスカナ式は、最もシンプルな様式といわれている。確かにトスカナ式は、端正な佇まいを見せている。そして更にエンタープラッチャには右書きで、〝大日本帝国〟の文字が刻まれている。エンタープラッチャとは、柱頭の上部を繋げた帯状の飾りのことを言う。こうして東京の街中でも、「標庫小屋」の破風を見ているだけで、ローマ時代を偲ぶことができる。

点検扉

そこで小屋の建築的魅力を探し出し、拾い集めてみた。資料によれば小屋の建築面積は14・93㎡、軒高は3・75m、そして棟高は、4・3mとなっている。しかも小屋の本体は、4段程の階段状に立ち上げられた、基壇の上に建っている。

先にも記したように元々「標庫小屋」は、〝原点標〟を守るために建てられた。だから小屋の内には、〝原点標〟が据えられている。そして小屋の前面には、その〝原点標〟を確認するための点検用扉が設けられている。扉は黄銅製で、台形を成している。そして扉の表面鏡板部分には、

菊の紋章が象られた点検用扉

菊の紋章が象《かたど》られている。しかも扉の下部に、蝶番が取り付いている。下方を軸に、手前に開放する為である。ところがそこで、他愛無いことが頭を過《よぎ》った。確かに今、正面の点検扉は確認できた。しかし人が小屋の内に入るのには、どうするのだろう。もちろん目の前の点検扉からは入れない。どう考えても、窮屈過ぎる。だから少なくとも他に、人が出入りできる開口が必要となる。であれば別に、きっと出入り口があるはずである。否、ないはずが無い。でなければ「標庫小屋」は小屋でなく、お堂や社《やしろ》になってしまう。はてさて小屋の入り口は、一体何処にあるのだろう。

そこで考えた。少しばかり考えた。もしかしたらヒョットするかもしれない。物事には表もあれば裏もある。ならば小屋の出入り口にも、表があれば裏があるに違いない。否きっとあるはずである。そこで早速、小屋の裏に廻ってみた。するとそこには、ちゃんと開口部が取り付いていた。しかも、出入り用の鋼製扉が付いていていた。そこで、まず、一安心した。ところが扉には、何の風格も感じられない。残念だが、「標庫小屋」として相応しい意匠が見られない。只、取手付けた把手だけが付いていていた。だから、裏切られた気になった。

確かに「標庫小屋」の正面は立派である。けれど裏側は、正面とは格段の差がある。表と裏に差が付けられている。裏側で装飾らしさが施されているとすれば、精々扉左右の付け柱だけである。他には何も無い。結局、表向きを重要視するのは、どの世界でも同じようである。

こうして西洋建築においては、ファサードが重視される。因にファサードとは、フランス語が語源だそうである。流石デザインの国らしい言葉である。まさに教会建築などは、その典型ともいえる。いわばファサードとは、建物の正面つまり人間でいえば顔の部分にあたる。というのも西洋社会ではまずは第一に、人の個性が重んぜられるからである。それはもちろん、建物についても同様である。だから建物も、まずは正面の意匠を考える事から始められる。何はともあれ、正面の〝あり様〟が強調される。ところが日本建築では、そうした考えはない。基本的に、そうした考えはとらない。つまり建物を、表と裏で捉えない。というのも日本建築はあくまでも、面ではなく軸で構成されているからである。だから幾つもの棟が一つの軸を基準として、整然と配置されるからである。それは寺社の伽藍配置を見れば良く分かる。

水晶板

さて小屋の脇の表示板によると、小屋の中には水準原点を刻んだ水晶板が納められているそうだ。けれど普段は扉が閉まっていて、内《なか》を確認することは出来ない。しかし年に一度、その水晶板が公開される日があるそうだ。そこで改めて後日、〝原点標〟を見に出かけた。

当日は裏の扉も開けられ、小屋の内まで覗き込むことができた。すると地面から、丸いコンクリート製の基礎が飛び出ていた。基礎は地震で水準原点が移動しないよう、地中11ｍの深さまで埋め込まれているそうだ。そして更にその上に、正八角形状の固まりが置いてある。固まりは分厚い御影石でできている。しかも更にその上に、断面形状が40㎝角程の、長方形の固まりが食い込んでいる。もちろんそれも、御影石でできている。結局その固まりの中に、透明の水晶板が充填されている。もちろん水晶板には、赤い目盛りが刻まれている。こうして「標庫小屋」の内では、基礎が幾重にも重ねられ、万全の備えがされている。

それでも先の東日本大地震では水準点の標高が、61㎜程沈下したそうである。そのため現在の標高は、以前の24・5ｍから、24・39ｍに変わっているそうだ。因に現在の水準原点は、神奈川県三崎海岸油壺沖の、平均海水面を基準として決められているらしい。つまりこの辺りの平均海水面を、目盛りゼロとしているそうだ。

ところで何故この地に、「原点標庫」が建設されたのか。その理由《わけ》が掴めなかった。そこで直接国土地理院に、尋ねてみた。すると東京の下町の地盤は沖積層で被われ、土地が軟弱である。

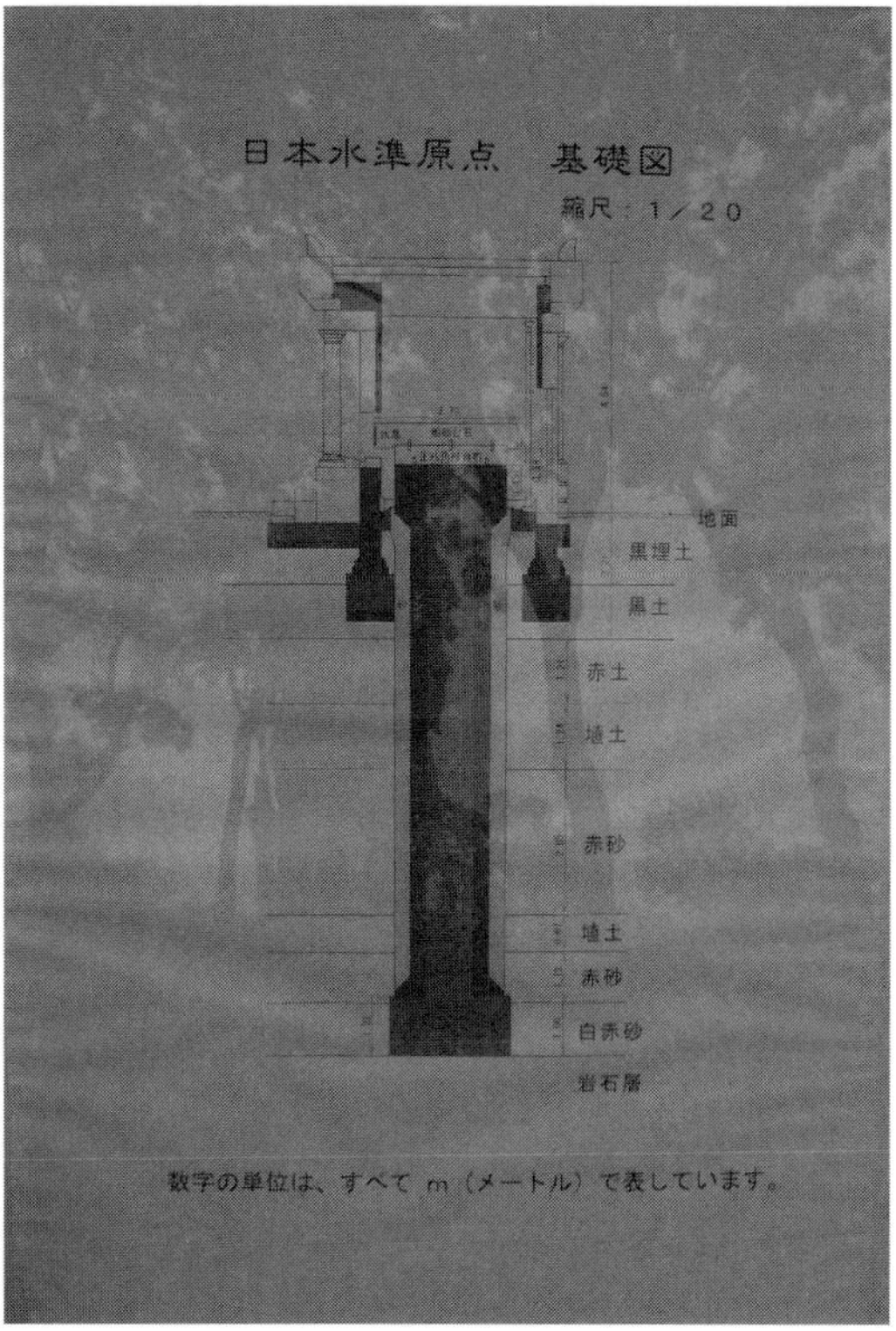

水準原点の断面基礎図

そのため地震の影響で、どうしても地盤が上下する。すると水準原点として役割を果たせない。だから水準原点はどうしても技術面を考慮すると、山の手の台地に設置せざるをえなかったのである。つまり早い話が山の手の台地であれば、その設置場所は、国会前庭でなくともよかったのである。

因に「水準原点標庫」は平成8年3月18日に、東京都により指定有形文化財（建造物）に指定された。又現在は、国土交通省国土地理院が所有し管理している。何はともあれ「標庫小屋」は、貴重な近代建築の一つである。

20

「遊具小屋」西日暮里・道灌山公園／バラック物置

◎立地　荒川区　西日暮里三丁目、西日暮里公園内
◎最寄　ＪＲ山の手線・西日暮里駅
◎構造　木造平屋建て
◎屋根　波形アクリ板
◎外壁　合板

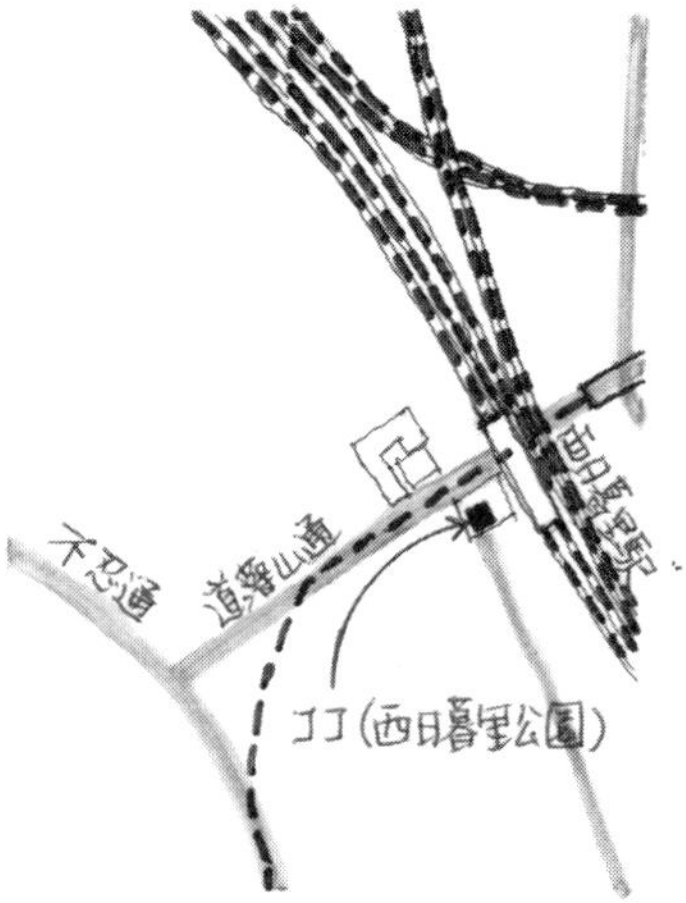

道灌山

ＪＲ京浜東北線、王子駅で降りる。そして裏口、つまり南口の改札口を出る。南口は人の流れも疎らである。だから辺りは閑散としている。これから飛鳥山を起点に、山の手台地の縁《へり》を都心に向かって歩くことにする。しばらく行くと左手に、ＪＲ山の手線、西日暮里駅が見えてくる。ちょうど三駅分を歩いたことになる。そして駅を横目に、右手の台地へと上る。そこは上野台地になっている。

ベニヤ板の嵌められた遊具小屋の外観

そしてちょうどその一角に、小さな公園がある。入り口に〝荒川区立西日暮里公園〟という表示が見える。そこで試しに園内をぶらつく。すると隅に浮世絵〝江戸百景〟が掲げられている。安藤広重の作である。なるほど浮世絵は、この公園の辺りから描かれたものらしい。見れば東方遥かに、筑波山が見えている。文献によればこの辺りは昔、風光明媚な土地であったそうだ。その頃は名高い景勝地として、江戸中に知られていた。そこで〝ひぐらしの里〟ともいわれていた。だから今でも〝道灌山〟という地名が、残っている。

そして更に奥へ進むと公園の左手隅に、小さな小屋が建っている。見ればとても粗末な小屋である。だから一目で、素人が造ったことが分かる。そして小屋の内《なか》には、雑多な物が溢れていそうである。しかも内にはどうも、公園用の遊具が仕舞われているようだ。するとこれは、遊具を保管するための小屋かもしれない。否、これは誰が何と言おうと、公園遊具を仕舞っておくために造られた小屋に違いない。そこで、ここではこの小屋を「遊具小屋」と名付け、改めてその建築的な魅力を探ってみることにした。

ブリコラージュ

まずは小屋全体を見渡す。そしてその〝あり様〟を、じっくりと眺める。そこで気になるのが、その造作手法である。もちろん小屋は、完全なバラック造りである。だからアチコチに、手作り感が溢れている。要はバラックとは、その場に応じて建ち上げた仮小屋のことでもある。つまりキチンとした計画もなく、身の廻りの材料だけで、素人が手短に組み建てた小屋のことである。だから良くいえば臨機応変、そして悪くいえば場当たり的な建物になる。しかし逆に、親しみも沸いてくる。というのも小屋にはガラクタだけでなく、要所要所に、ちゃんとした材料も使われているからである。しかも場所によっては、〝ムク〟の材料まで使われている。〝ムク〟とは建築用語で、加工される前の材料のことである。つまり通常では中々市販されることのない、生地《きじ》材のことである。だから皆が親しみを持ち、利用したくなる。

ところで暫く前まで、本来の目的でない部品を使い、別の目的を成し遂げるという考え方を提唱した、偉大な文化人類学者がいた。その文化人類学者とは、フランス人のレヴィ＝ストロースである。彼は二十世紀全てを、構造主義の研究に捧げた。そしてこのような思考を、〝ブリコラージュ〟と定義した。〝ブリコラージュ〟とは異なった意図に対し、その場の材料を使い、その

塗り壁の廻る外壁

事を成し遂げてしまうやり方のことである。ところでフランス語における〝ブリコラージュ〟とは、本来なら想定されていない偶然が、思いがけない幸運をもたらすという意味でもあるらしい。つまり有り合わせの材料で造られた物は、その材料が本来内包している以上の、高い効果を産み出すという考え方である。しかもそれは産業革命以降の、機械化による画一化した近代産業に対する、アンチテーゼにもなっている。

そしてそれは、まさにこの公園に置かれた「遊具小屋」みたいなものである。しかしそのためには、周到な準備が必要となる。というのも物造りの大事な点は、その使用する材料を、あらゆる面から事前に把握していることである。包括的に把握していることである。そうでないと、臨機応変な対応が出来ないからである。本物の物造りが、出来ないからである。それでも「遊具小屋」は、近くの住民達の手によって部材が調達され、そして組み建てられた。しかも自由闊達で、大変面白い小屋ができ上がった。つまり住民独自の手により、新たなデザインが生みだされた。しかもより満足度が高い、小屋が建ち上がった。まさにここ〝荒川区立西日暮里公園〟では、レヴィ＝ストロースの提唱する〝ブリコラージュ〟が、「遊具小屋」として実践されていた。

真壁納まり

そこで小屋の建築的魅力を探し出し、拾い集めてみた。その平面形状は変形六角形。それは南北の角がそれぞれ、45度にカットされているからである。そして屋根は片流れ、しかも手前と奥で段差がついている。手前の材料は、町でよく見かけるカラー鋼板葺き。緩勾配になっている。また奥の材料は、透明のアクリル板葺き。しかしそこは、急勾配になっている。わざわざ手前と奥とで、屋根の勾配どころか材料まで変えてある。こんな処にも、遊び心の精神が一杯溢れ出ている。けれど二つの屋根材は共に、安価な材料である。誰もがホームセンターにでも行けば、簡単に入手可能な材料である。また外壁の四方には基礎の代わりに、ブロック石が置かれている。そして上には土台が廻り、柱が乗っている。地業の一番伝統的なやり方である。因にこうした地業を、玉石地業と言う。

ところでこの小屋の特徴といえば、何といっても柱と壁との取合いにある。というのも昨今の木造建築はそのほとんどが、柱や梁つまり構造部材を隠した工法で造られているからである。そしてその理由《わけ》は、防火対策そして耐震対策のためである。防火性能や耐震性能を考慮すればどうしても、こうした工法に頼らざるを得ないからである。しかもこうした工法は、手間を掛けることなく、簡単にに粗《あら》を隠せることもできる。そしてもちろん、経済的な理由もある。こうして世の中全て、表の事情もあれば、裏の事情もある。ところでこうした構造部材を隠す納め方を建築用語では、〝大壁納まり〟と言う。ところが何とこの「遊具小屋」の柱は壁で隠されていない。壁から露出している。そこでこうした納まりのことを建築用語では、〝真壁納まり〟と言う。すなわちこの「遊具小屋」は、〝真壁納まり〟になっている。しかも柱に丸太が使用されている。都会では珍しい、柱と壁が取り合う小屋である。

〝夢〟の文字

そして最後に、外廻りをじっくりと眺めてみる。外壁は合板を下地にして、肌色の壁が塗られている。しかもそこには、左官職人による鏝細工が施されている。仕上げはまだら模様になっている。そして所々に、花や草の形が刳り貫かれている。更にそこには、同じ型のベニヤ板が嵌め込まれている。そのため外壁一面に花が咲き、草が生い茂り、そして夕日が沈んでいる。それが又、何とも可愛く見える。また外壁には他にも、富士山や鳥や、そして〝夢〟という文字が描かれている。しかも硝子玉や貝殻まで埋め込まれている。更に隅には、2012.12の数字も見える。

〝夢〞の文字が象られた外壁の塗り壁

その上、丁寧に四角で囲ってある。それは小屋の竣工年月を表しているようだ。いわば定礎板代わりになっている。

こうして「遊具小屋」の外壁は、絢爛豪華に着飾られている。というのも入り口以外は外壁面で囲われているため、他に明かり取りがない。おそらくそれは、内に沢山の遊具を詰め込むためである。そして、もちろん物を収納するには、窓など無い方がいいに決まっているからである。というのも内部の明かりは、トップライトからの光だけで充分だからである。

遊具の街

すると、内に何が収納されているか、益々興味が湧いてくる。そこで多少の疚《やま》しさもありながら、恐る恐る入り口扉を開けてみる。もちろん期待を持って開けてみる。すると内は、あきれる程の雑多な品物で溢れかえっている。堆く品物が積まれている。まるで玩具《おもちゃ》箱をぶちまけたようである。そこにはバケツありポリタンクあり、そしてマットまである。しかも食器や寸胴まである。そしてこれらは全て、公園用の遊具である。ここには公園で使う、ありとあらゆる遊具が揃っている。だからその所為《せい》もあり、反対側の扉は開けることができない。常時、閉まったままになっている。これこそ開かずの扉である。しかもその〝あり様〟は、まるで東京の街そのものでもある。

ところでこの公園を管理するのは、荒川区役所の公園課だそうである。けれど「遊具小屋」は何故か、奇妙な存在を呈している。というのもこの小屋は、地元有志による交流活動によって造られたものらしい。けれど小屋を造るには公園課から、規模そして形態、及び色彩等に対して、少なからずの指導があったそうだ。というのも如何に「遊具小屋」でも、やはり区民が目にする以上、外観等についても、公園に相応しい形態が求められるからである。如何にバラック造りとはいえその形態については当然、区の承諾が必要だったからである。だからどんなに奇妙と思われても、全ては許可の範囲で造られた。言われれば当然である。因に〝荒川区立西日暮里公園〟では毎月第二日曜日に、地元有志による子供達の冒険遊びの指導が、定期的に行われているそうである。

21 「宿泊小屋」 八王子・大学セミナーハウス／宿泊ユニット

◎立地　八王子市下柚木 大学セミナーハウス内
◎最寄　京王線・北野駅北口
　　　　京王バス・野猿峠
◎階数　平屋建て
◎構造　木軸パネル工法
◎屋根　合板下地シート防水
◎外壁　合板下地樹脂系塗料吹付け

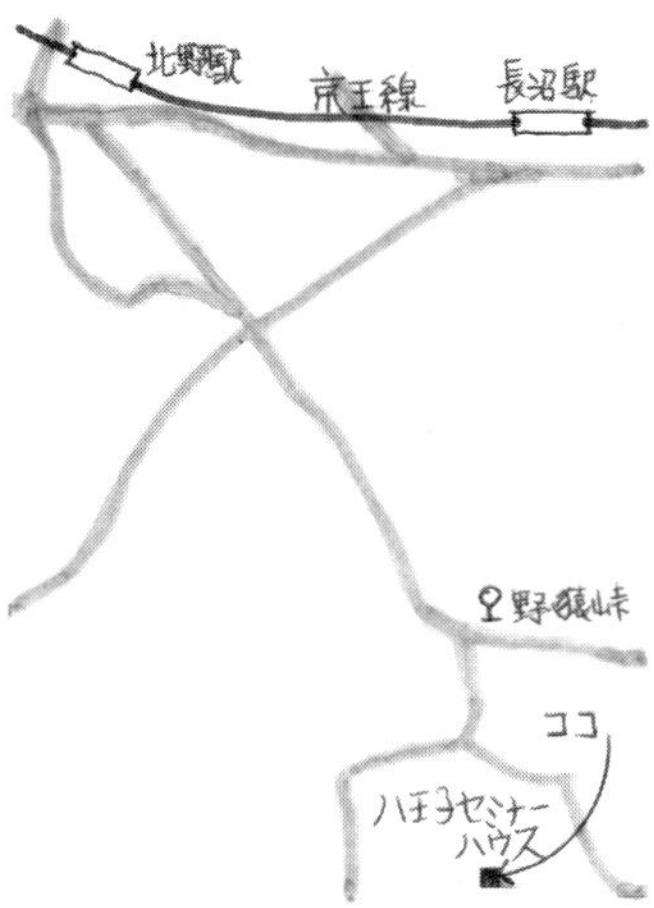

セミナーハウス

以前から気になっていた小屋があった。それは東京の西、八王子の丘陵地帯にある、八王子・大学セミナーハウスである。そして小屋は宿泊棟である。資料によれば建物は、1965年(昭和40年)に竣工している。だから現在まで、半世紀の時が過ぎたことになる。けれど今もまだ、小屋は残っているらしい。そこで早速、現地へ行ってみることにした。

セミナーハウスは八王子の郊外に位置している。新宿駅から京王線に乗り、北野駅で降りる。

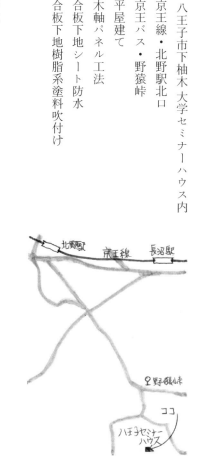

法面に沿った宿泊小屋を俯瞰する

駅前からバスに乗る。15分ほどで最寄りのバス停「野猿《やえん》峠」に着く。確かに名の通りここは、今にも野生の猿が飛び出て来そうな丘陵地帯である。見渡す限り緑深い地域である。

緩い坂を登ること10分、遠方に異様な建物が見えてくる。建物は荒々しい打放しコンクリート仕上げ。大学セミナーハウス本館である。しかもその容姿は三角形になっている。といっても先が尖っていれば、まだ驚くに値しない。ところが建物は逆三角形になっている。何と逆さになっている。つまり楔の形をしている。地面に楔が打ち込まれている。というのもそもそものセミナーハウスの理念が、〝ここそが学びの原点そして学び舎の原点である〟となっているからである。だからその理念を、楔の形でそのまま多摩丘陵に印しているのである。

宿泊ユニット

そもそもセミナーハウスは、各地区の大学教授と学生達が、共に寝起きし共に学問を論じる場として建設された。しかも共同研修によって大学間のふれ合いを促進し、更にその距離を、縮小させることを目的とされた。知能的にも人格的にも、お互いの能力を向上させることが意図された。つまりセミナーハウスは、それまでの閉鎖的な教育環境を脱却し、新たな人間的コミュニケーションの育成を目的として創られた。いわば人づくりの場として発足した。

ところで宿泊ユニットは竣工時、何と100棟もあったそうだ。そこで当時の建築雑誌を広げて見た。すると山の斜面一体に、建物群が這いつくばっている。渦巻き状に散りばめられている。まるで突然多摩丘陵に、教育のユートピアが誕生したかのようである。見事な景観である。ところがその後教育環境も変わり、今ではそのほとんどが取り壊されている。そのため今残っている宿泊ユニットは、18棟だけである。それでも残った宿泊ユニットが、現在の若者達に寄与していることは確かである。

施設は当時、早稲田大学の教職にあった吉阪隆正が設計した。というのも彼が30歳を過ぎた頃、当時フランスで活躍中の世界の建築家、ル・コルビュジエのアトリエまで出向き、彼は薫陶《くんとう》を受けて来たからである。ところがコルビュジエは、決して純粋な合理主義者ではなかった。寧ろ晩年は合理的なデザインより、即物的で有機的なデザインを好んだ。つまり晩年のコルビュジエは、合理主義者というより地域主義者であった。

段状に連なる入り口側の外観

視点の変化

さて本館を離れ、宿泊ユニットへ向かう。けれどその行き方が分からない。向かう先が分からない。路がどう繋がっているか、皆目検討がつかない。そして土地の起伏も、相当激しそうである。路が上ったり下ったりしている。しかも右に左に曲がりくねっている。すなわち、全てが迷い路になっている。きちんとした路がない。そのため、なかなか目的地まで辿り着けない。

ところがこうした建物配置が、逆に景観に変化をもたらせている。路の変化が建物配置に変化をつけている。何れにせよここでは、平面と立体が交わり、そして同時に変化している。だから外部空間も絶えず変化する。ここでは最大限、傾斜地の形態が生かされている。これまでにない空間が構成されている。だから魅力ある外部空間が広がっている。するとこれは、学生達が宿泊する小屋かもしれない。否、これは誰が何と言おうと、学生達の宿泊のために造られた小屋に違いない。そこで、ここではこの小屋を「宿泊小屋」と名付け、改めてその建築的な魅力を探ってみることにした。

まずは小屋全体を見渡す。そしてその〝あり様〟を、じっくりと眺める。そして気になるのが、小屋の配置である。しかもその向きである。そこで小屋の周辺を一回りする。するとそれぞれの小屋の形態が、全てバラバラであることが分かる。住戸の向きは違うし、高さも違う。形まで違うのもある。どちらにせよここには、全く同じ形態の小屋がない。

ところでこうした配置計画は、建物を自然の地形に合わせるのが通常である。また一方、建物を如何に分散するかも、配置計画の重要なポイントになる。又それ以外にも、宿泊施設としての〝あり様〟も考慮されねばならない。つまり小屋の配置には、ここで学ぶ学生一人一人の思考方向を暗示させる必要もある。そこで小屋の〝あり様〟には、ある時は社会での役割を見つめ、そしてまたある時は、自分の内面を適宜に見定められるような形態が求められてくる。しかもここでは「宿泊小屋」の〝あり様〟が、これから社会へ旅立ち、そして社会と取り組む学生達の〝あり様〟を導くことになる。つまり小屋の形態はバラバラだが、全体の小屋の配置は、ちゃんとまとまった方向を示している。そして結局こうした配置になったのも、きっと建築家吉阪隆正が、根っからの山男だったからに違いない。

変形六角形

大学セミナーハウスは、学生たちのふれ合いの場として計画された。しかも「宿泊小屋」だからその平面形状も、学生二名の宿泊が基本となっている。その広さは14㎡強。和室であれば9帖弱しかない。ところがそんな部屋に、研修生二人が宿泊できる施設が求められた。ところがその場合の平面形状は大概、矩形となる。だからこの小屋の平面形状も、何ら矩形であっておかしくない。否、利用勝手を優先すれば当然矩形となる。矩形になるはずである。しかもそうした方が、家具を配置し易いし、空間にも無駄がない。ましてや部屋の隅に埃が溜らない。ところがどっこい、この小屋の平面形状は矩形ではない。矩形になっていない。ではどうなっているのか、何となく疑問が湧いてくる。

小屋の妻壁面には凹《おう》部と凸《とつ》部が、それぞれ一ヶ所ずつある。そのため壁面に、都合二ヶ所の屈折点が生じている。その結果平面形状は、変形六角形になっている。そして更に屋根形状も矩形になっていない。何故か五角形になっている。ここではわざわざ、小屋と屋根の形状を変えている。変化をつけている。しかしこうした手法が逆に、この小屋の形態の特徴にもなっている。つまり設計者は小屋の平面形状を、単なる矩形にしたくなかったからである。決してそんな野暮な形態に、したくなかったからである。そしてそれこそが、建築家としての矜持《きょうじ》でもあった。吉阪隆正は配置について、次のように述べている。

「一人一人が己の城を持つことが、自分の意見をもつようになるもとだ」、そして「部屋が四角いとどうしても上下の席ができるが、多角形だとお互い同格になりやすい」と。そして更に「同

デッキへ上る階段用手摺

じ中庭に面すると、連帯感が生じやすい」、「二つのものが向き合うと対立が生じやすい」、「遠くて不便なことが、偶然の出会いの機会をふやす」と。こうして吉阪はその思いを熱く語っている。だから多摩丘陵には、ユーモラスでユニークな形態が生まれたのである。

自由なデザイン

そこで小屋の建築的魅力を探し出し、拾い集めてみた。施設は既に50年が経過している。だから部屋の中には、トイレもない。もちろんシャワー設備などある分けがない。だから今は両方とも、小屋と離れた共同施設として設置されている。更にそうした状況は、電気設備に於いても同じことが言える。現状の照明設備としては、天井に40W型蛍光灯一本と、手元灯用コンセントが、二ヶ所あるだけである。だから他に灯りが欲しい人は、自分専用の手元灯を持ち込む必要がある。又入り口脇の壁には冷風設備として、扇風機が一台付いている。けれど決して冷房設備ではない。ましてや暖房設備など付いていない。というのも当初の小屋の使用は、夏期に限っていたからである。設備器具でさえ、こんな状況である。

　ましてや室内の仕上げについては、推して知るべきである。天井と壁はビニールクロス。しかも床は、何と色付きモルタルのままである。仕上げはいたって単純である。ここでは全ての材料が、必要最小限に押えられている。ところが手が触れる処には、これでもかという位の拘《こだわ》りがある。随所に独特な形態が生み出されている。しかもその造形は自由が溢れている。例えば入り口デッキへ上る階段用手摺である。ここでは階段手前の土中に、一本の杭が打込まれている。杭は手摺柱として利用されている。しかもそれに一本の鉄筋が取り付き、先端は輪になっている。単純でユニークな形態が生み出されている。そこに人の行動と造形とが一致している。

　思えば吉阪隆正は建築に対し、社会的共同性と個人的自立性の両方を、同時に求めた建築家であった。だから自由に自然を見つめ、そしてまた自然から自由に見つめられる、そんな建物配置を生み出した。そして断面計画においても、人間の視線の共同性と自立性の両方を兼ね備えた建物配置を生み出した。例えば小屋の配置に高低差を付け、その高さの違いで、よりプライバシーを守った。しかも視線が合わぬよう、入り口扉や開口部の高さに変化をつけた。こうして八王子の地には、平面的な変化と立体的な変化が同時に起きる、魅力溢れる建物群が広がっていた。

22 「電話小屋」原宿・明治神宮／電話ボックス

◎立地　渋谷区　明治神宮、南参道入り口
◎最寄　ＪＲ山の手線・原宿駅　表参道口
◎構造　アルミ造り平屋建て
◎屋根　カラー鋼板一文字葺き
◎外壁　アルミ枠フロート板ガラス

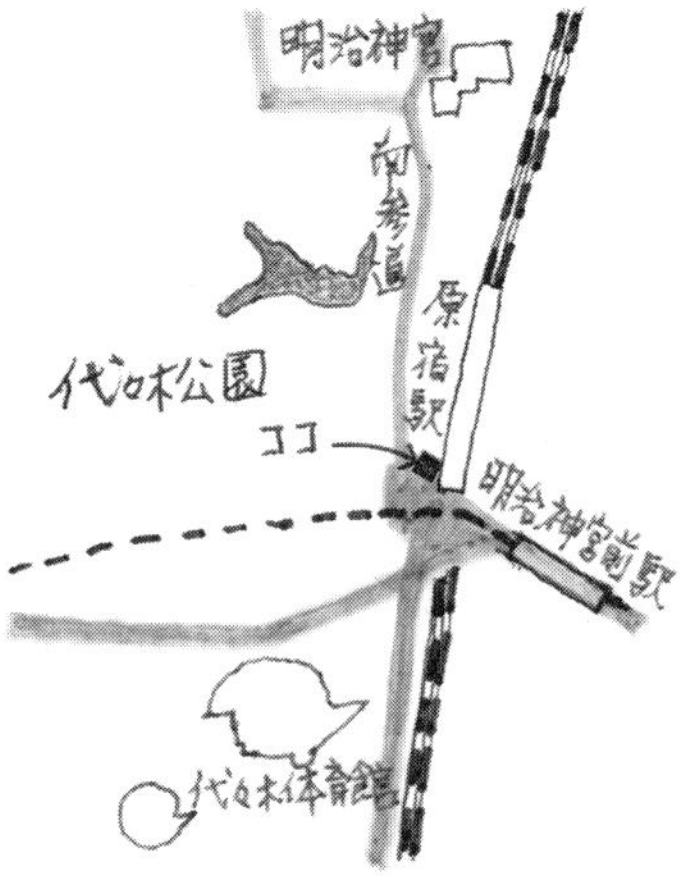

明治神宮

ＪＲ山の手線、原宿駅で降りる。表参道口を出て、明治神宮方面へと向かう。そこに石橋が架かっている。これまで何度も見慣れた橋である。けれど残念ながら、その名前まで憶えていない。もちろん記憶もない。そこで早速確かめてみる。すると親柱には〝神宮橋〟と書かれている。明治神宮造営の際、山の手線を跨ぐため架けられた。１９２０年（大正９年）に完成している。しかしその橋も老朽化し、１９８２年（昭和57年）に、現在の橋に架け替えられた。つまりこの橋

神宮の森を背景にした電話小屋の遠望

は明治神宮へ繋がる、参道の一部なのである。知らなかった。

　ところで多くの参拝者は、明治神宮には長い歴史があると思っている。否、思い込んでいる。ところがその歴史は、誰もが考えているよりも短い。否、長くない。というのも神宮の建設は、明治天皇の崩御をきっかけに決定されたからである。それは1914年(大正3年)のことである。場所は当時の代々木、南豊島御料地。江戸の頃、近江彦根藩の井伊家の下屋敷があった処である。ところが明治維新の後、土地は新政府に献上されてしまう。だから以降は荒れ地のままとなり、手を入れられることもなかった。そこで御料地を、神宮の境内地《けいだい》とすることが決定された。そして1920年（大正9年）には、造営のための鎮座《ちんざ》祭が執り行われた。しかも神宮の建立に際しては、日本全国から樹木が献木され、今ある森に囲まれた境内が出来上がった。こうして現在の明治神宮には、明治天皇とその皇后の昭憲皇太后が、御祭神として祀《まつ》られている。

二つの箱

さて橋を渡るとすぐ右手に、奇妙な箱が見えてくる。しかも箱は左手に大きな欅の木を従え、杜の中に踞《うずくま》っているようにも見える。そしてその先には、大きな神宮の鳥居が見えている。確かにその箱は、ちょっとそこらでは見かけない、風変わりな格好をしている。二つ厳《おごそ》かに並んでいる。実に変わった箱である。というのも箱は確かに二つだが、全体は一つの屋根で被われている。全体で一棟になっている。しかも箱の中にはそれぞれ、電話機が設置してある。

するとこれは、電話をするための小屋かもしれない。否、これは誰が何と言おうと、電話をするために造られた小屋に違いない。そこで、ここではこの小屋を「電話小屋」と名付け、改めてその建築的な魅力を探ってみることにした。

まずは小屋全体を見渡す。そしてその〝あり様〟を、じっくりと眺める。そこで気になるのが、その屋根形態である。切り妻型になっている。これまでも確かに、何台もの電話ボックスを目にして来た。ちょっと昔のターミナル駅前には、数えきれない程の電話ボックスが並んでいた。そんな光景が今でも鮮明に甦ってくる。ところが最近、こうした電話ボックスを見かけない。もち

折畳み式扉が付いた入り口側の外観

ろん一つ屋根で被われた電話ボックスなど、見かけることはない。しかも神社みたいな電話ボックスなど、見かけるわけがない。

　では何故この「電話小屋」の屋根が、このような形態になったのか。何故こんな格好になったのか。疑問が沸いてくる。興味が迸《ほとばし》る。おそらく神社側でも始めは、深謀《しんぼう》遠慮《えんりょ》したと思われる。というのも電話ボックスがある場所は少なくとも、神宮鳥居の真ん前である。だから通常ある電話ボックス形態では、場にそぐわない。どうしても絵にならない。しかも単に箱を並べただけなら、余計無粋である。それでは、いくら何でも芸がない。

　そこで神社側でも知恵を絞った。

鉢巻きをしながら考えた。そこで、どうせ鳥居の前に置くなら、神社に相応しい屋根形態が良いということになった。ならばいっそのこと、箱の上に神社と同じ屋根を被せたらという提案がなされた。すると皆がその意を忖度《そんたく》した。そして何となく皆が賛同した。そこで最後は、目出たし目出たしと相成った。だから最終的に、こうした形態の屋根になった。というのも何せ「電話小屋」は、参道に面していたからである。

流れ造り

こうして、屋根形態は最終的に〝切り妻〟となった。けれど〝切り妻〟は〝切り妻〟でも、決してそこらにあるような〝切り妻〟ではない。そうは問屋が卸《おろ》さない。というのもここは、恐れ多くも明治神宮の門前である。いくら何でもそのような処に、そんな簡単に屋根の形は決められない。形態は処理できない。ではどのようにして、決められたのか。一体、どのようにして処理されたのか。結果、なんと屋根が曲がっている。屋根に〝反《そ》り〟が付いている。そこで〝反り〟というのは、曲線の中央が凹《くぼ》んでいること。すなわち神社の屋根形態では、最も伝統的な形態の一つである。というのも既に明治神宮の杜の中には、屋根に〝反り〟が付いた建物が建っている。それは宝物殿である。するとこの「電話小屋」の屋根形態もおそらく、宝物殿の屋根に倣ったようである。だから、その佇まいは当然、周囲の環境と違和感がない。杜と融合している。因に、こうした屋根形態の神社本殿形式を建築用語では、〝流れ造り〟という。いわゆる神社建築における、一般的な本殿形式である。

ところで、〃流れ造り〃における本来の参拝のし方は、本殿に対し〃平入り〃とするのが通例である。つまり本殿に鎮座ましますす神様に対し参拝者は、あくまでも軒の方向から相対することになっている。ところがこの「電話小屋」の使い勝手は、〃妻入り〃になっている。〃平入り〃になっていない。何故か。しかし、その答えは簡単である。というのも仮に妻側を参道に向けると、二つの電話ボックスが縦方向に並ぶことになる。すると利用者が入り口扉を開けようとした時、左右どちらに扉があるか迷うからである。つまり利用者にはこの方が、より分かり易いからである。だからこの屋根形態はあくまでも、単なるご愛嬌として考えられたようだ。

電話室

そこで小屋の建築的魅力を探し出し、拾い集めてみた。屋根はカラー鋼板一文字葺き、緑青《ろくしょう》色仕上げ。しかも破風まで被っている。さすがに明治神宮である。厳《おごそ》かに納めている。しかも屋根の天辺には、棟飾りまで付いている。神社建築としての王道を、チャンと押えている。

そして小屋の骨組みはステン色のアルミパイプ。又妻壁は、錆びたコールテン鋼。そしてそこには金色の、〃明治神宮電話室〃という切り文字が貼られている。しかも〃電話箱〃でなく、〃電話室〃になっている。流石〃電話室〃とは、何とも仰々しいネーミングである。しかし一方で、格調高さも表わしている。だから小屋での会話は、自然と誰もが厳《おごそか》になる。けれど切り文字は、既に色褪せている。しかも文字の上には、白い兎が一匹鎮座している。何のためにここにいるのか、一寸分からない。何れにせよ、魔除けのためかと思われる。

外壁コールテン鋼に貼られた切り文字

扉は折畳み式。だから間口一杯に、開けることができる。そして扉は、大扉と小扉に分かれている。左右で幅を変えている。入り口幅を三等分し、二対一の割合で吊り元側が小扉、そして取っ手側が大扉になっている。というのも扉を開けた際、内側の小扉が室内の腰掛に、当らなくするためである。そのため扉が折り曲がったら、大扉側から内《なか》に入ることになる。もちろん、小扉側から入ることはできない。当たり前である。また扉の材質はアルミ製。要は何処でも見かける材質である。だから〝ドコデモドアー〟である。しかし室内は、細かな工夫が施されている。最大限に狭いスペースを、有効活用している。例えば電話帳用の棚はもちろんのこと、その上には台形状の小さなメモ用棚まで取り付けられている。しかも腰掛けながら電話のできる、筒状のクッションまで設えられている。つまりこれらは全て、神様による配慮である。

そこで電話ボックスの歴史を振り返ってみた。すると当初の電話ボックスは、何と木造だった。しかも六角形。実にモダンに造られていた。

思い起こせば二十数年前、その頃のターミナル駅前には、まだ何台もの電話ボックスが並んでいた。そしてその前には、何人もの人達が行列をなしていた。しかもその行列は夜遅くまで、決して絶えることがなかった。だから皆イライラしながら、自分の番が来るのを待っていた。けれどまだ当時は、テレフォンカードの時代であった。だから度々、残りの度数がゼロになった。そこで何枚ものカードを持ち歩いた。そしてなかには可愛いアイドルのカードもあった。それが、自慢の一つでもあった。

ところがそんな電話ボックスも、今や危機的状況に陥っている。近年電話ボックスを、トント見かけることがなくなった。知らぬ間に街から消えていた。もはや街角に電話ボックスはない。都会から、通話の文化が消えてしまった。というのも今や携帯電話を持たずして、街に出ることはできない。もはや、携帯電話を持たない生活は考えられない。そこで止むを得ず、携帯電話を手に入れた。しかも当時では最先端の、折りたたみ式機種であった。ところがそんな機種でさえ、既に時代から取り残されてしまった。今や、何たらという通信機器が主流である。時代の流れは速い。そして通信機器の流れはもっと早い。こうして街には、次から次へと新しい流れが押し寄せる。しかもその流れは、決して世代を忖度《そんたく》しない。要は時代の流れ、そして電波の流れに乗れない者は、都会での生活は諦めろということである。何とも、おかしなことである。

23 「景品小屋」 東銀座・三原橋／景品交換所

◎立地　中央区東銀座
　　　　晴海通り三原橋交差点
◎最寄　東京メトロ日比谷線・東銀座駅
◎構造　不明、平屋建て
◎屋根　折板曲げ加工
◎外壁　折板曲げ加工

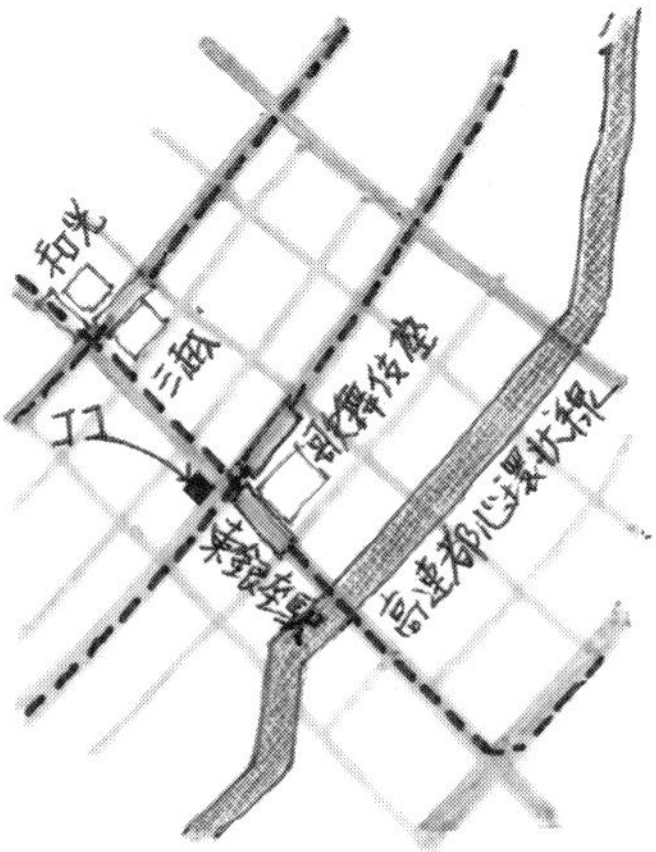

奇妙な小屋

久しぶりで、銀座の街歩きを楽しむことにした。今でも銀座は、大人の雰囲気を漂わせている街の代表格である。だから直ぐに、気持ちがフアフアしてくる。まるで遊戯感覚である。まずは晴海通りと昭和通りとが交わる、三原橋の交差点に立つ。銀座四丁目の交差点からは、一寸ばかり東へ依った処。路傍《みちばた》に「中央区銀座5丁目12」の住居表示板が掲げてある。ところが傍に、怪しげな小屋が建っている。こんなお洒落な街に、どことなく奇妙な小屋が身構えている。ところ

コルゲート管で被われた景品小屋の外観

が誰も、小屋のことなど気にしていない。そ の存在を気に止めていない。けれど何処からともなく小屋に向かって、人が集まってくる。左からも右からも、湧きでるようにやって来る。そして最後は皆、小屋へと吸い込まれていく。

でも始めは何故、人が集まってくるのか見当がつかなかった。何故人がこんなに、小屋に吸い込まれていくのかが分からなかった。そこで念のため、小屋の裏側に廻ってみることにした。すると小屋の右手前方には、晴海通りから通じる裏道路が通っていた。そこで裏道路に入ってみた。すると小屋の周りを巨大な建物が取り囲んでいた。しかもそれは、巨大な遊戯場であった。早い話がパチンコ店である。だからココでは、そうしたゲームを楽しむだけでは、決してことは終わらない。ゲームを楽しみ、しかもパチンコ玉やコインを獲得すれば、更なる豪華景品が手に入る。だから、こんな楽しい場所はない。

　ところが例え景品を手に入れたとしても、さすがにその処置に困ることもある。誰もがいつも、景品を欲しいわけではない。時にはそれを、現金に交換したくなる。つまりは換金である。

　しかしそんな処を誰かに、見られたくない。出来れば誰にも知られたくはない。だとすれば当然換金の場所は、出来る限り遊技場の近くにあって欲しい。できれば直ぐ傍にあって欲しい。そこで漸く、この小屋の出番となる。要はそんな遊戯客の要望に応えて設けられたのが、目の前にある小屋である。もちろん、景品を交換するための小屋である。否、これは誰が何と言おうと、景品交換所に違いない。そこで、ここではこの小屋を「景品小屋」と名付け、改めてその建築的な魅力を探ってみることにした。

景品交換所

　ところで景品交換所とは一体何か。何を目的とした建物か。というのも普段パチンコやスロットマシーンで遊ばない者にとっては、全く縁のないモノだからである。得体の知れないモノだからである。ところが風営法には、遊戯で得たパチンコ玉やメダルは、その場で全て景品と交換しなければならないというルールがあるそうだ。確かに多少の遊戯経験者なら、遊技場で景品と交換できることぐらいは、誰もが知っている。当たり前である。

　ところが皆が皆、景品を得るために遊技場にやって来る分けではない。端から景品など充《あ》てにしていない人もいる。凡そ大多数の人が、現金と交換するつもりでやって来る。だから、交換で

断面形状を露出させた正面外観

きないと、気持ちが納まらない。納まる分けがない。もちろん、今すぐ交換したい。ところが遊技場内には、景品を現金に交換する施設などない。あるはずがない。というのも法律的に遊戯場内には、景品交換所は設けられないことになっているからである。つまり遊戯場と景品交換所とは、施設として切り離さなければならないからである。だから景品交換所は、必ず遊技場の外に設けられているのである。

けれどゲームの勝利者は一刻でも早く、現金に交換したい。だから取りあえず遊戯場の玉交換所で、玉やメダルを景品と交換する。面倒だが、渋々交換する。そして沢山の景品を抱え、景品交換所へと出向いて行く。そこで漸く現金と交換できる。それには景品交換所は出来るだけ遊技場の近くにあって欲しい。出来ればすぐ隣にあって欲しい。そこで、話の流れは明解となる。本来利用者の立場であれば、景品交換所は遊技場内にあって欲しい。しかし法律的な規制もあり、遊戯場内に設けることはできない。そこで止むなく、遊戯場とは切り離された。けれど多くの利用者のことも鑑《かんが》み、出来る限り景品交換所は遊技場の傍に、設けられた。つまり景品交換所とは、遊技場で得た景品を現金に交換するための代替施設である。

そのため、公には遊技場と景品交換所とは、あくまでも関連がないことになっている。否、全く関連がないことになっている。けれど世の中は全て、建前で成り立っている。物事は表もあれば裏もある。それは昔からの常である。もちろん街に表通りと裏通りがあるように、ゲームの世界にも、表の顔もあれば裏の顔もある。そこでは人の世もゲームの世界も、表と裏は使い分けられている。それが世の道理である。つまりどちらも部分的には、仮の約束事で成り立っているからである。だからこのての施設は必然的に表通りを避け、極力、人目の少ない裏通りに店を構えることになる。しかし利用者にとっては当然、施設は出来るだけ遊技場の傍《そば》にあって欲しい。もちろん遊技場から、何歩も歩きたくない。何十メーターもあったら、それこそ探すのが大変である。しかもそうした人に、店の前をウロチョロされたら、周りの店も端迷惑である。ところがこ銀座の「景品小屋」は裏通りどころか、モロ表通りに面している。しかも晴海通りと昭和通りの両方に顔を向けている。しかもその佇まいには、何の恥じらいもない。否、むしろ堂々としている。こうして銀座の表通りに「景品小屋」が店を構え、そして裏通りに、遊技場が建ち並ぶ。そこで漸く銀座の交差点に建つ、「景品小屋」の〝あり様〟が理解できる。もちろん「景品小屋」は法律に基づいた、古物商の許可を得ている。

コルゲート管

まずは小屋全体を見渡す。そしてその〝あり様〟を、じっくりと眺める。そこで気になるのが、その外観である。まるで蓑虫《みのむし》みたいである。ここでは屋根と外壁が一体になっている。コルゲート管で被われている。コルゲート管とは薄い鋼板を襞状に加工し、更にパイプ状にしたもの。つまりアール状に加工された、蛇腹のような管のことである。もちろん管の表面には、亜鉛メッキの防錆加工が施されている。だから伸縮も湾曲も、自由である。しかも限度内なら、曲げ加工も可能である。また重さは軽量だが、かなりの外圧にも耐えられる。つまり段ボールと同じような性質を持っている。更にボルトで繋ぎ合わせれば、いくらでも延長可能である。そして大きな曲面を造ることもできる。

ところが本来コルゲート管は、元々土木用素材として開発されたモノである。それが近年建物の屋根材や外壁材として、盛んに使われるようになった。というのもコルゲート管は、安価でしかも施工がし易いからである。

だから、解体撤去するのも簡単である。建物自体が不要になれば、その場でさっさと壊すことも出来る。するとコルゲート管はある意味、銀座の街に一番適した材料とも言える。というのも建物には時代の状況に応じて、より臨機応変に対応できることが求められるからである。所謂《いわゆる》メタボリズムでもある。つまり、常に流行の先端を走り続けなければならない銀座の街にとって、このコルゲート管は、もってこいの材料でもある。

アール状に曲げられた建物側面

羽根車

そこで小屋の建築的魅力を探し出し、拾い集めてみた。まず小屋の受付け前は、安手のビニールレザーで被われている。それは目隠し壁になっている。要は街行く人達からの、目線を防止している。少しでも交換行為が、見られないようにである。

小屋の形態は円形の筒を横に倒し、それを切断している。しかもその断面形状を、恥ずかしげもなく銀座の街に見せている。ある意味銀座の街に相応しい？大胆なデザインが晒されている。そして小屋の左右側面は、コルゲート管が巻かれている。屋根と外壁が、アール状に一体になっている。全ての屋根はシルバー色塗装されている。正面はスレート板が張られている。そしてそこには樹脂剤が吹付けられている。どちらにせよ「景品小屋」

は、こうした安価な材料でできている。全てが安物の材料で造られている。というのも「景品小屋」が立派に見えてはそもそも、訪れる利用客に対し、失礼になるからである。

そこで屋根の右側先端を見てみる。すると外壁より、僅かに突出している。そこが鉤型《かぎ》になっている。つまり屋根鋼板を突出させることにより、雨が直接外壁に当るのを防いでいる。そしてよく見ると外観は、パチンコ台の羽根車をモチーフにしているようである。羽根が回転し、玉が沢山出そうな、そんな予感のするデザインになっている。そこには羽根が廻れば運気も良くなるという、熱い思いが籠っている。しかしそれが現実となるかどうかは、もちろん誰にも分からない。何はともあれ銀座のど真中に、大きな玩具《おもちゃ》が転がっていることは確かである。

こうして例えゲームとはいえ、物事を成し遂げるのは大変である。何事も、世の中の仕組みはややこしい。面倒くさい。けれど、それを成し遂げるには、順序を踏まえ、一歩一歩進む以外に路はない。というのも世の中のモノゴトとはそのほとんどが、建前で成り立っているからである。だから「景品小屋」も表向きは、ゲームの最終処理場だが一方では、世の中の最終処理場の役割も荷なっているのである。そのため今日も、次から次へと客がやって来る。ひっきりなしに客が押し寄せる。そして最後は誰もが、銀座の街へと散らばっていく。

番外編1「週末小屋」浦和・別所沼公園／ヒヤシンスハウス

◎立地　さいたま市　別所沼公園内
◎最寄　JR埼京線・中浦和駅
◎構造　木造平屋建て
◎屋根　波形カラー鋼板葺き
◎外壁　杉板竪羽目貼りスティン仕上

立原道造

これまで東京の街中《まちなか》では、数多《あまた》の小屋と出会って来た。そして色々な小屋と出会って来た。けれど特に関心の引かれる小屋には、それ程出会えなかった。しかも、建築的に魅力ある小屋ともなれば、尚更限られた。だから、これぞと思える小屋と巡り会えた時は、それはそれは至福の時であった。それほど魅力ある小屋は少なかった。そこでここでは東京の街中《まちなか》ではないが、どうしても取り上げておきたい二つの小屋を取りあげた。その一つめは、さいたま市の別所沼池畔《ちはん》に建つ「ヒヤシンスハウス」である。小屋は昭和

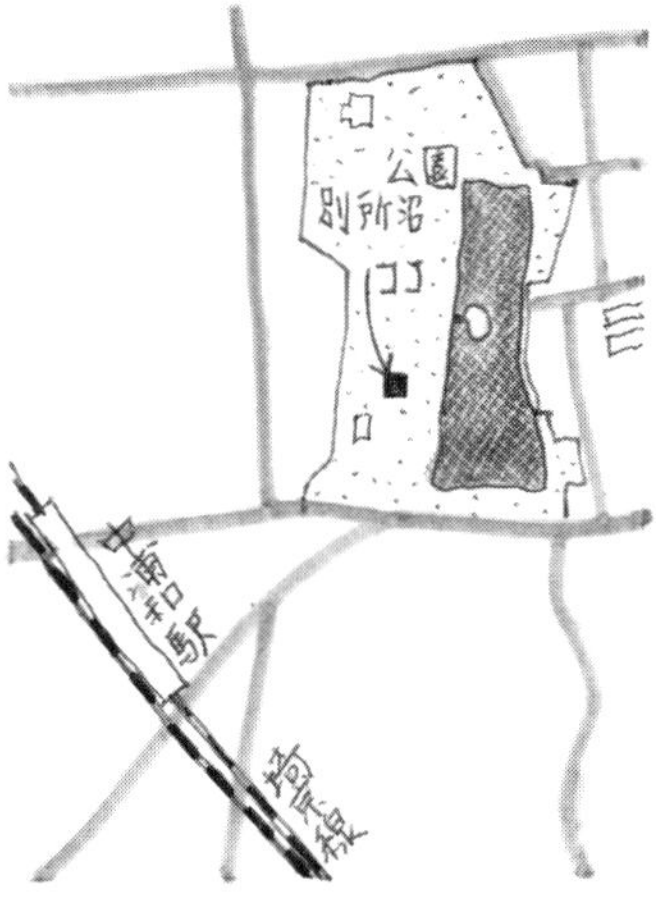

旗竿が聳える入り口側の正面外観

の始め、建築家の立原《たちはら》道造が浦和の町に、自らのために計画した週末住宅である。といっても多くの人は、一体立原道造がどのような人物か、又建築家として、どのような作品を残しているのかは知らない。知る由《よし》もない。そこで立原道造について調べてみた。

　彼は１９１４年、東京の日本橋生まれ。だから下町育ちである。やがて建築家を志し、１９３４年に東京帝国大学（現在の東京大学）工学部建築学科に入学する。そして卒業後は、そのまま石本建築事務所に就職する。しかし残念なことに、24歳の若さで早世してしまう。だから彼の作品は一つも残っていない。しかし幸いにも、彼の描いたスケッチ画が残されていた。しかもその中の一つに、「ヒヤシンスハウス」と名づけられた週末住宅があった。そこでスケッチ画を基に、実際の小屋を立ち上げようとする会が設けられた。会の名は「ヒヤシンスハウスをつくる会」という。そして会は地元の津村泰範氏を中心とした、建築家有志によって運営された。そうした甲斐《かい》もあり

２００４年（平成16年）には、遂に小屋が完成する。小屋が建ち上がる。そこで早速、本物の小屋を見に出かけた。

ＪＲ埼京線、中浦和駅で降りる。改札口を出て浦和の町、つまり東の方向に向かって歩く。すると程なく行くと、小さな池の畔《ほとり》に出る。池は別所沼と言われている。周辺は高い樹木に囲まれている。そして池の畔を、僅かばかり北の方向へ進む。すると目の面に、小屋が建っている。目指した小屋が、ポツンと建っている。全体は緑色をしている。

するとこれは、週末を過ごすための小屋かもしれない。否、これは誰が何と言おうと、週末を過ごすために造られた小屋に違いない。そこで、ここではこの小屋を「週末小屋」と名付け、改めてその建築的な魅力を探ってみることにした。

片流れ屋根

まずは小屋全体を見渡す。そしてその〝あり様〟を、じっくりと眺める。そこで気になるのが、屋根の形態である。というのも週末住居といえばその屋根の原型は、もちろんロッジの山形に決まっている。だからこの小屋の屋根形態も、当然山形のはずである。ところが何故か屋根形態は、片勾配になっている。しかも短手方向でなく、わざわざ長手方向に勾配が付けられている。そして更に勾配が、東から西に向かって下っている。つまり西側が低くなっている。

ところが小屋の周りは、広大に広がっている。敷地に充分余裕がある。ならば道造は何故、その屋根形態を山形でなく片勾配にしたのか。しかも片勾配でも、何故短手でなく、長手に勾配をつけたのか。そして何故東側に勾配を向けず、西側に向けたのか。別に屋根の勾配を東側に向けても、問題がないと考えられる。別段構わないと思える。しかし、何れにしても合点がゆかない。どうにも納得できない。益々疑問が湧いてくる。

そこで、二つの理由《わけ》が考えられる。まず一つめは当時避暑地軽井沢の地に、建築家アントニン・レーモンドの設計した別荘が、建てられていたことである。別荘は「夏の家」と言われた。1933年に竣工している。そしてその屋根形態は、V字型勾配になっている。しかも勾配は短手ではなく、長手方向に流れている。すると道造は、既にこの「夏の家」の存在を知っていたのかもしれない。そして「週末小屋」の、参考にしたのかもしれない。つまり道造は長手方向に流れる屋根形態について、既にヒントを得ていたようである。

そして二つめは、詩人神保《じんぼ》光太郎の存在である。道造は建築家の他に、詩人としての顔も持っていた。というのも神保は、道造の詩人としての先輩であった。しかも当時の神保の住まいは、別所沼の畔にあった。沼の東、台地の上に建っていた。そこで道造は是が非でも、神保の家の傍に、自分の小屋を建てたかった。そんな意図をもって、計画に着手した。もちろんそのことは、スケッチ画を見れば、すぐに読みとることができる。画では小屋の西側が沼になっている。そして東側は、緩やかな法面になっている。しかし道造は計画途中で、自分の小屋の存在が神保の家からの池への眺望を、妨げてしまうことに気付いた。神保の家からの池への眺めを、邪魔してしまうことが分かった。だから小屋の西側を下げることにした。しかも屋根を法面の形状に倣うことにした。そのため屋根は片勾配となった。すなわち片勾配の屋根は、東側に建つ神保の住まいから、西側の別所沼を見通すためであった。つまりここでは道造が神保に気遣いをし、実際の屋根形態として表現したのである。というのも道造は、詩人としての生き方を、神保に全面的に頼っていたからである。

小屋の灯り

ところで神保は道造の精神面ばかりでなく、実生活の面倒までみていた節《ふし》がある。そのことは、スケッチ画からも読みとれる。小屋の内は今で言う、ワン・ルーム形式である。わずか五坪程の広さである。しかも当時の状況を考えれば、もちろん風呂などはない。ましてや炊事設備など、あるはずがない。というのもどうも道造は計画当初から、その生活全般を神保に頼っていた様子が伺える。というのも風呂はともかくとして、道造はどうも、食事の世話まで期待していた節が見えるからである。つまり道造は運さえよければ、風呂から食事まで、神保のご厄介になるつもりであったようである。だから小屋には、トイレさえあればよかった。トイレだけでコト足りた。そこで北東の隅に、トイレだけが設けられた。確かにコレだけはないと、どうしても日常生活に支障を来たすからである。

そして次に、居間の東南の角に開けられた窓のことである。このような位置に開口部を設けるのは、日本家屋の常道である。そこは採光にも通風にも、ましてや眺望にも、最適な位置である。だから道造も常道に倣い、東南の角に大きな窓を設けている。そして誰もがこうした計画を、最適と考えている。しかし窓を設けた位置は、果たして常道に倣っただけなのか。それが本当の理由なのか。他に理由はなかったのか。そこでその理由を、冷静に考えてみた。

そして改めて小屋の平面図を眺めた。そしてふと気がついた。そうだ、小屋の配置を考えれば、居間に座って東南の窓を眺めれば、そこにはきっと、神保の住まいが見えたはずである。神保の住まいがあったはずである。だから夜ともなれば神保の住まいには、当然灯りが灯されたはずである。すると小屋を訪れた道造は、いつも窓際のベンチに腰掛け、その灯りを確かめることができた。ということは反対に、道造が自分の家の灯りを灯せば、今度は神保の方が道造の在宅に気付くことが出来た。お互い灯りを頼りに、その存在を確かめ合うことができた。こうしたことからも道造が、神保を求めていたことが分かる。

通行止め用大谷石のある入り口廻り

一方玄関の西側には、旗竿が立っている。道造の在宅を知らせる旗を掲げるためである。さらに東側にも、通行止めの大谷石が据え付けられている。こうした点を捉えれば当然小屋へのアプローチは、池畔《ちはん》の東側の路から通じていたことが分かる。

ところで西側に広がる別所沼に対して、道造は一体どんな思いを抱いていたのだろうか。ちょっと気になる。しかしその答えは既に出ている。それはベッド脇にある小窓を見ればすぐ分かる。窓の大きさを考えれば直ぐ分かる。つまり道造にとっての別所沼は、この小窓からの眺めで充分であった。特別な思い入れはなかった。それ以上でも、それ以下でもなかった。つまり道造の気持ちは、ただただ神保の方だけを向いていた。こうして「週末小屋」は道造が週末

室内公的空間から東南の窓を見通す

に限って利用する、独立した書斎部屋として計画された。

一室空間

そこで小屋の建築的魅力を探し出し、拾い集めてみた。まず玄関の入口廻りが、凹状に抉《えぐ》られている。そのため外壁は、小さなスペースを確保するために引っ込んでいる。そして扉の開け閉めにも、余裕を持たせている。扉を開けると右手が公的空間、そして左手が私的空間になっている。室内は入り口を境に、分離されている。というのも扉は内開き、しかも左側に蝶番が付いている。だから扉は必然的に、右側の公的空間側に開かれる。すると当然私的空間側は閉じられる。そのため来訪者は、すぐに私的空間を見通せないようになっている。つまり直《じか》に私的空間を、把握できないようになっている。けれど室内を仕切る壁は一切ない。ここでは空間が一体化している。しかし必要とされる機能は充分果たされている。全ての機能が一室に納められている。それでも流石《さすが》にトイレだけは、独立して設けられている。しかしそこは現在、収納スペースになっている。こうして一つの空間が、打合せ机や造り付け腰掛けのある公的空間と、書斎机や就寝用ベッドを置いた私的空間とに分離されている。入り口を境にちゃんと、空間に濃淡が付けられている。そこで試しに、奥のベッドに座ってみる。すると、とても気持ちが落ち着く。まるで別空間にいる思いになる。確かにそこは独立性のある、私的空間となっている。

配置

現在「ヒヤシンスハウス」は、別所沼の西側、沼の畔《ほとり》にある。ということは沼があるのは小屋の東側になる。当たり前である。しかもその〝あり様〟は凄く自然である。周囲と全く違和感がない。如何にも以前からそこに、あったかのようである。だから誰もがその〝あり様〟を、素直に受け入れる。

ところが道造には小屋と別所沼との関係は、それほど重要なことではなかったのである。始めから、別所沼のことなど眼中になかったのである。それでは道造にとって、小屋の配置の決定要因は何だったのか。それは何といっても、神部の住まいとの位置関係であった。というのも神部との関わりがなければ、この「ヒヤシンスハウス」の計画はあり得なかったからである。まさに道造には神部との関係が、それほどまでに大事だったのである。だから始めからこの湖畔以外には、小屋を建てることなど、あり得なかったのである。しかし計画は、結局叶えずに終わってしまった。

そこで道造の詩を一つ紹介したい。それは「晩秋」という題名の詩である。まさにこの「ヒヤシンスハウス」をイメージして、読み上げた歌のようである。だから立原道造は、強いて言えば建築家というよりもむしろ、詩人として知られているようだ。

晩秋

あはれな　僕の魂よ
おそい秋の午後には　行くがいい
建築と建築とが　さびしい影を曳いてゐる
人どほりのすくない　裏道を
雲鳥を高く飛ばせてゐる
落ち葉をかなしく舞はせてゐる
あの郷愁の歌の心のままに　僕よ
おまへは　限りなくつつましくあるがいい
おまへが　友を呼ぼうと　拒もうと
おまへは　永久孤独に　飢ゑてゐるであらう
行くがいい　けふの落日のときまで
すくなかつたいくつもの風景たちが
おまへの歩みを　ささへるであろう
おまへは　そして　自分を護りながら泣くであらう

番外編2 「休暇小屋」 南仏・カップ・マルタン／休暇小屋

◎立地　南フランス　地中海カベ海岸
◎最寄　カップ・マルタン駅
◎構造　木造
◎屋根　大波石綿スレート葺き
◎外壁　丸太板横羽目貼り

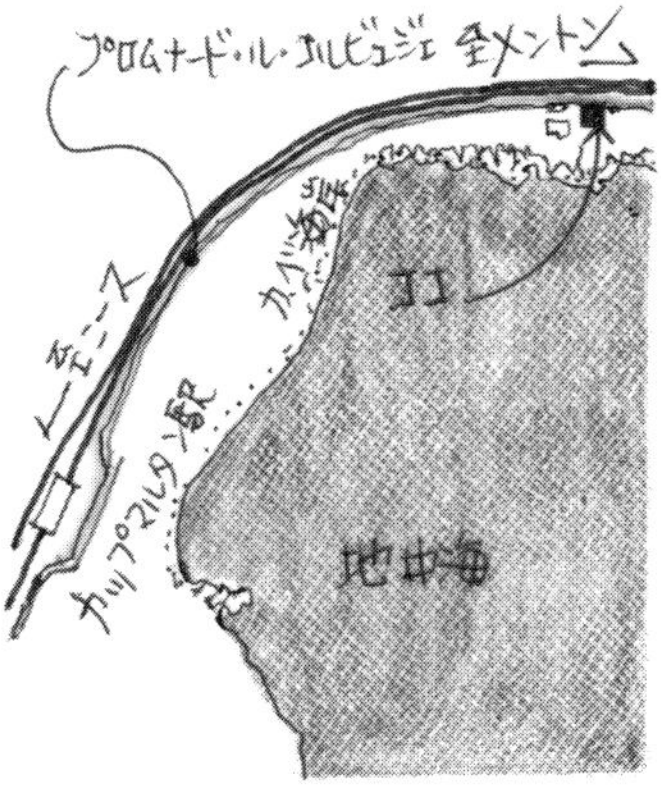

カップ・マルタン

最後にもう一つ、世界的に有名な、しかもとても魅力的な小屋を取りあげてみたい。小屋があるのは南フランスの小さな田舎町。モナコ公国から東へ20km程行ったカップ・マルタンという処。高級避暑地として知られている、そんな僻地に世界の建築家ル・コルビュジエが設計した、魅力溢れた小屋がある。しかも妻への誕生日プレゼントとして、わざわざ拵《こしら》えた小屋である。２０１６年には、ユネスコの世界文化遺産に認定されている。

半丸太が貼られた休暇小屋の外観

フランスは、地中海に面するニースの街と鉄道で繋がる、カップ・マルタン駅を下りる。駅から続く細い道は遊歩道になっている。そしてその道を暫く行くと、右斜めに逸《そ》れる階段がある。階段を下ると、石畳の小径に出る。すると左手に、緑色の建物が見えてくる。物置のようである。しかしそれは、コルビュジエが建てた彼の専用アトリエである。又振り返れば右手前方には、常緑樹イナゴマメの樹が聳えている。しかもその木陰に、小さな丸太小屋が建っている。そして小径がアトリエと丸太小屋を繋いでいる。更に丸太小屋の先には、レストラン棟やキャンピング用の宿泊施設も建ち並んでいる。もちろん二つの棟共、現在ヴァカンス客のための現役施設として利用されている。

　するとこれは誰が何と言おうと、建築家ル・コルビュジエが設計した小屋である。コルビュジエが妻を癒すために造った小屋に違いない。そこで、ここではこの小屋を「休暇小屋」と名付け、改めてその建築的な魅力を探ってみることにした。

丸太小屋

小屋は地中海の海岸縁に建っている。だから眼下には、紺碧の海が広がっている。つまり小径の先は、足が震えるほどの絶壁になっている。しかしここからは、肝心の「休暇小屋」の話である。いくら小屋の設計者が世界の巨匠とはいえ、対峙する前から、足が震えていては話にならない。小屋と向き合うには、それ相応の気構えが必要となる。そこで一端気持ちを落ち着かせ、ゆっくりと小屋と対峙する。

まずは小屋全体を見渡す。そしてその〝あり様〟を、じっくりと眺める。そこで気になるのがその造りである。その簡素さである。そしてそれを最も表わしているのが、外壁の半丸太である。しかもその半丸太に、三種類の形態の窓が穿《うが》たれている。正方窓、矩形窓、縦長窓である。小屋は思っていた以上に衒《てら》いがない。小屋と出会う前は確かに、もっと現代建築としてのイメージを抱いていた。現代建築しか考えられなかった。ところが出会ってみればその形態は、どう見ても丸太小屋である。否、誰が見てもログハウスである。しかも外壁は、背板パネルで裏打ちされた、皮付き丸太で被われている。そのことは出隅に露出した、小口面をみればすぐ分かる。

しかも屋根は片流れ。波形スレートを乗せてあるだけ。だから一見ではどうみても、雑な造りにしか見えない。否、見えてしまう。しかし何れにせよ、安価な材料しか使われていない。つまり始めは量産を念頭に、プレファブ方式で考えられていたようだ。それでも屋根や外壁廻りにはチャンと、厚い断熱材が充填されている。流石、天下のコルビュジエである。例え材料はけちっても、決して機能や意匠に手を抜くことはしていない。

さて漸く小径を通り、南西に取り付いている出入口から小屋へと入る。扉は片引戸になっている。そこで扉を引くとその先は、通路になっている。しかもその幅は、人一人がやっと通れる程しかない。そして通路を数歩進むと、壁の右側に開口がある。そこでは、通路と部屋の天井高さが連続している。だから何の抵抗もなく、自然と部屋に入って行ける。

小屋の建坪は5坪強。だから通路とトイレを除くと、部屋の広さは8帖程。しかも部屋の天井高さも凡そ226cm。ちょうど背丈が6フィート（182・9cm）の人間が、真っすぐ上に手を伸ばした高さに押えられている。但し法的な対応もあり一部、部屋の中央部を凸状に上げている。ところがそんな限られたスペースに、沢山の家具が置かれている。部屋中に溢れている。しかも家具は渦巻き状に配置されている。入り口を起点に右回りに、ベッド、サイドテーブル、収納箱、洗面棚、本棚、テーブル、箱形スツール2台、そしてワードローブ等が設えられている。もちろんその全てが、コルビュジエが生み出した作品ばかりである。だから直接家具に触れることができる。そこでは彼の手の温もりが、そのまま伝わってくるように思える。

さて部屋の窓は全部で四つ。まずはベッドの足元に、横長の通風用の窓が開いている。窓は内開きになっている。そして隣のアトリエが見える東面と、真っ青な地中海が見渡せるテーブル手前の南面には、それぞれ70cm程の四角いピクチャー・ウィンドウが付いている。しかもその内側には中折れ式の雨戸もあり、部屋側には、鏡まで付いている。そして本棚の隅には、換気用の縦長窓も付いている。更にもちろん片隅のトイレには、換気用の小窓もついている。

こうして「休暇小屋」には、家具、開口部、色彩、そして天井高さ等の変化が相俟《あいま》って、まさに独創的で豊かな空間が満ち溢れている。しかもここにある全ての形態は、モデュロールによって、その寸法が決

室内テーブル越しに、入り口方向を見る

められている。モデュロールとは、コルビュジエが導き出した、人間尺度に調和させた寸法のことである。こうして「休暇小屋」には、外は如何にも簡素でも、内には異なる空間が構成されている。地中海の眺めが堪能できる、如何にも独創的な空間が待っている。

　確かに部屋の内《なか》は狭い。だから入浴設備どころか、煮炊きの設備も無い。しかもこれ程の片田舎であれば、食事の出来る施設などない。考えられない。ところが小屋の計画時点では既に小屋の左隣に、食事のできる施設があった。ちゃんとしたレストランが営業していた。だから小屋の内《なか》に、炊事設備など必要なかった。もしお腹が空いたらその時は、直ぐ隣のレストランへ、食事に行けばよかった。空腹を満たせばよかった。

しかももし仮に、仕事で手が離せないならその時は、注文さえすれば、すぐに小屋まで、食事を運んで貰えた。だから煮炊き設備は、必要なかった。確かに言われれば、その通りである。因にそんな都合が利《き》くレストランの屋号は、「ひとで軒」という。

螺旋巻貝

そこで小屋の建築的魅力を探し出し、拾い集めてみた。床の仕上げは板張り、そして壁と天井は、合板貼りのまま。それでも天井は、緑、白、赤の三色に、塗り分けられている。けれど、ここはイタリアではない。確かに直ぐ東隣はイタリアだが、ここはフランスである。いずれにしても仕上げは、実に簡素である。

それにしても特徴的なのは、その家具配置である。しかも右巻の渦巻き状になっている。それは螺旋巻貝を、モチーフにしているそうだ。そこで巻貝の形態を調べてみた。すると巻貝は、そのほとんどが右巻きになっている。確かにフランス料理でお馴染みのエスカルゴも、右巻きである。そこでこの小屋の家具配置も、右巻きになっている。

そんなこともあり、出入口は小屋の南西の角にある。では何故、こうした右巻きの動線が生まれたのか。どうして、このような平面形態が成立したのか。

そこで更なる疑問は、出入り口及び通路の取付け位置である。何故コルビュジエは南西の角に、わざわざ出入り口を設けたのか。何故素直に、東南の角に設けなかったのか。というのもその平面形態を考えれば、当然出入り口の取り付け位置は、南東の角の方が、都合がよいと思えるからである。石畳を歩く距離も短いし、例え来訪者が訪ねて来ても、窓の前を他所の人がウロチョロすることも無いからである。ところが何故か出入り口は、南西の角に設けられている。だから通路も当然、建物の西側に取り付いている。

入り口から通路を見る。左側の壁にレストラン棟への潜り戸

潜り戸

　そこで、改めて小屋の平面形態を見つめてみた。そしてジッと考えた。そこで最も注視すべき点は、通路の西側壁に付いた潜り戸である。そして、その取付け位置である。今潜り戸は、壁に埋め込まれている。壁と一体になっている。まるで隠し扉のようである。

　ここで話は戻るが、コルビュジエが「休暇小屋」で過ごす間は毎日、西隣の「ひとで軒」まで、食事に出掛ける必要があった。だから、そのためにはどうしても一旦小屋を出て、建物の周りを一周しなければならなかった。しかも老齢の域に達したコルビュジエにとって、毎日外まで食事に出かけるのは億劫であった。そのためには、さすがに苦労が伴った。そのためには、何とかしなければならない。何か新しい考えを発想をしなければならない。さて何か名案はないか。何とかならないか。そこで彼は、頭脳を右周りに回転させた。

そこで漸く捻《ひね》り出されたのが、西側壁に取り付けた潜り戸である。西側の壁に、小屋からレストラン棟に直接繋がる、出入り口を設けることである。であれば建物の周りを、わざわざ周らなくてすむ。もちろん遠回りする必要もない。すると、こんな都合の良いことはない。だとすると、是が非でも潜り戸が欲しい。何としても、潜り戸が欲しくなる。だからコルビュジエである。部屋の潜り戸を開けたら、そこは直ぐに外みたいな、

ところが、さすがに天下のコルビュジエは小屋の西側に、出入り口を設けたのである。そんな無粋なことはしたくない。そんな設計は、世界の建築家としては許されない。そのためには僅かな隙間でも構わない。僅かな幅でも構わない。部屋と潜り戸の間に、緩衝地帯が欲しい。出入り口から部屋までの間にどうしても、緩衝地帯が必要となる。そこで小屋の西側に、僅かな幅の通路を確保する。そうなれば、出入り口から部屋までの動線も確保できる。すると出入り口の位置も決まってくる。つまり一石二鳥である。そこで最終的には小屋の西側に、通路が設けられたのである。そしてその結果出入り口は、小屋の南西の角になったのである。そこでコルビュジエは嬉しさのあまり、潜り戸にキュビズムの絵を描いたのである。

そこで更に考えられるのは、小屋とレストラン棟との位置関係である。現在小屋のすぐ西隣に、レストラン棟が建っている。しかも寄り添うように建っている。けれど何故建物同士が、こんなに接近しているのか。何故これ程までに寄り添っているのか。いくら何でも近過ぎる。そこには、人の入れる隙間もない。というのも通常、こんなに近づけて建物を建てない。その訳が分からない。よく理解できない。

ここで、改めて確認する。あくまでも「休暇小屋」は、レストラン棟とは別の建物である。レストラン棟が建っているところに、後から小屋を建てたのである。だから二つの建物の間には、隙間ができて当た

り前である。そして隙間ができれば当然、雨も降る。しかしコルビュジェは雨を嫌った。潜り戸からレストラン棟までの僅かな隙間でも、雨に濡れるのが嫌だった。だからコルビュジエは少しでも雨に濡れぬよう、レストラン棟ギリギリまで、小屋を接近して建てたのである。けれどこれらは全て、個人的な推測の範囲の話である。

「ものつくり大学」

現地に行ってから早いもので、既に10年もの年月が過ぎていた。ところが最近国内で、その「休暇小屋」の原寸レプリカがあることを知った。レプリカは埼玉県行田市の、「ものつくり大学」キャンパス内にあるそうだ。そこで早速、見に出かけた。

学生には卒業制作の一環として、ホンモノのものづくりを手触りで体感するという課題が与えられた。そしてその的となったのが、コルビュジエのカップ・マルタンの「休暇小屋」であった。そのため現地の実地調査から始まり、設計、確認申請、施工、そして家具、建具金物、照明器具まで、小屋の至る所が学生達の手によって再現されていた。だから小屋を訪ねればそこには、学生達の沢山の汗が滲み出ていた。小屋はキャンパスの外れに、ポツンと建っていた。そしてもちろん小屋が建っていたのは地中海の海縁《うみべり》ではなく、関東平野のど真ん中であった。

おわりに

　以前は暇さえあれば建築雑誌を小脇に携え、よく建物を見に出かけた。そして目当ての建物を探しながら、東京の街中を歩いた。もちろんそれらは、著名な建築家による作品ばかりであった。しかしその頃の東京は、既に雑多な建物で被われていた。だから街中に、埋没している作品もあった。けれど東京の上空は、まだ広かった。ところが、ちょうど時を同じくして、東京の街中に高層建物が建ち始めた。ポツリポツリと目立ち始めた。やがて、その数も増えていった。そして気が付けば東京の街はいつの間にか、巨大な建物で埋め尽くされていた。それは、一九七〇年代以降のことである。

　しかもちょうどその頃、建築ジャーナリズムの世界では、巨大建物に対する議論が盛り上がった。それは建築評論家の神代雄一郎氏による、とある建築雑誌の、『巨大建築に抗議する』という文章によって問題提起された。当時の巨大建物に携わる建築家の姿勢と、その外観に対して意義が唱えられた。そして雑誌上では数回に渡り、巨大建築の〝あり様〟についての議論が戦わされた。その内容は確か、「巨大建築は外観が無表情である。非人間的な感じがする。人との関係が生じにくい。人との対話が生まれにくい。だからやがては、社会コミュニティーの崩壊に繋がりかねない」というような論旨であったと思われる。確かに高層建物の外観には、それまでにないデザインが試されていた。そこでは、垂直方向、そして水平方向に対する何本もの直線が、デザイン上で繰り返され始めていた。そして更に、形態の繰り返しも始まっていた。既に現在の電子図示機器による、まさに複写と転写の反復行為が始まっていた。けれど神代が意図したことは、建物の大きさそのものではなかった。それは、巨大建物の〝あり様〟に対する問題提起であった。巨大さを安易に志向する、巨大建物に対する抗議であった。

確かに議論は一時的に、大いに盛り上がりを見せた。ところがやはり時間の経過と共に、その熱も冷めていった。そして議論は、やがてフェードアウトしてしまった。けれど今でも議論に、決着が付いている分けではない。今でも議論は継続中である。というのも現在の東京の街中には見渡す限り、巨大建築が林立しているからである。巨大建築で埋め尽くされているからである。しかもその大半が、以前と同じ論理で建てられている。以前と同じ思考で建てられている。だから皆、同じ表層をしている。同じ表情を見せている。しかもその巨大さを、より強調している。より誇示している。ソコには、何の恥じらいもない。些かの謙虚さもない。

そしてちょうどその頃から、時を同じくして、東京の街への気持ちが遠ざかっていった。街中に建つ、建築への思いが薄れていった。建築に対する高揚感も無くなった。そして街への距離感も抱き始めた。だから街歩きが億劫になった。そこで新たな思いで建築を捉えたくなった。新たな街との出会いが欲しくなった。こうして、これまでとは違った街と建物との接点を探し始めた。これまで出会ったことのない、接点を探し求めた。だから足の向く先も建築から建物へ、そして建物から路地へと変わっていった。

ならば、今こそ「ぽち小屋」である。まさに心魅かれるのは「ぽち小屋」である。ここでやっと、「ぽち小屋」の出番となる。「ぽち小屋」が登場してくる。そこで漸く、巨大建築から「ぽち小屋」へと辿り着く。というのも「ぽち小屋」の〝あり様〟は、巨大建築とは真逆だからである。巨大建築には背を向けているからである。微力ながらも、巨大建築に抗《あらが》っているからである。要は「ぽち小屋」の〝あり様〟は巨大都市東京の、厄介物なのである。街の異物なのである。そして「ぽち小屋」は、巨大都市東京、そして巨大建築へのアンチテーゼでもある。

けれどここに、「ぽち小屋」への全ての思いが纏められているわけではない。言い尽くされた分けではない。もちろん本の一部である。本の一頁《ページ》である。だからこれからも東京の街中に、「ぽち小屋」を探し求めなければならない。探し歩き続けねばならない。というのも「ぽち小屋」は、建築的魅力に溢れているからである。その〝あり様〟に、魅力が尽きないからである。つまり「ぽち小屋」は、街の〝あり様〟という詩で彩《いろど》られた、〝建築〟の原点だからである。

持田庄一

2017年9月

参考資料

1「芝居小屋」　全国「芝居小屋」巡り　小学館／始源のもどき　磯崎　新著　鹿島出版会／空間のフォークロア　海野　弘著　駸々堂／建築の歴史　藤井恵介・玉井哲雄著　中公文庫
2「腰掛小屋」　江戸東京の寺社609を歩く　下町・東郊編　山折哲雄監修　槇野修著　PHP新書／数寄屋建築集成　外廻りの技法　中村昌生編集　小学館／茶室のみかた図典　前　久夫著　東京美術選書
3「孔球小屋」　ル・コルビュジエ全作品集Vol.8　A.D.A. EDITA Tokyo／日本人の建築空間　東孝光著　彰国社
4「水門小屋」　「川」が語る東京　東京の川研究会　山川出版社／首都江戸の誕生　大石　学著　角川選書／近代建築のアポリア　八束はじめ著　PARCO出版／ジュゼッペ・テラーニ　監修=鵜沢隆　INAX出版
6「子供小屋」　ガリバー旅行記　J.スウィフト作　福音館書店
7「駅舎小屋」　地図と愉しむ　東京歴史散歩　竹内正浩著　中公新書／京成電鉄55年史　1967年
8「井戸小屋」　日本古典文学大系　方丈記徒然草　岩波書店
9「観測小屋」　赤い煉瓦近代建築　佐藤啓子著　青幻舎
10「守衛小屋」　日本の近代建築（上）—幕末・明治篇—　藤森照信著　岩波新書／荷風と明治の都市景観　南　明日香著　三省堂／東京の空間人類学　陣内秀信著　ちくま学芸文庫
12「舟着小屋」　追憶の東京　下町、銀座篇　小針美男　川本三郎　共著　河出書房新社
13「交番小屋」　江戸東京たてもの園　解説本／建築探偵日記　藤森照信著　王国社／建築モダニズム　大川三雄著　エクスナレッジ／東京の空間人類学　陣内秀信著　ちくま学芸文庫
14「覗き小屋」　浜離宮　恩賜庭園資料
15「茶室小屋」　イメージゲーム　磯崎　新著　鹿島出版会／造物主義論　磯崎　新著　鹿島出版会／茶室のみかた図典　前　久夫著　東京美術／藤森照信の茶室学　藤森照信著　六耀社
16「接客小屋」　お屋敷拝見　内田青蔵・小野吉彦著　河出書房新社／ウィトルーウィウス　建築書　森田慶一訳註　東海大学出版会
17「礼拝小屋」　私と日本建築　A・レーモンド　鹿島出版会
18「掩体小屋」　地図と愉しむ東京歴史散歩　都心の謎篇　竹内正浩著　中公新書
19「標庫小屋」　建築探偵日記　藤森照信著　王国社／建築家が選んだ　名建築ガイド　日経アーキテクチャー編　日経BP社
20「遊具小屋」　「秋葉原」感覚で住宅を考える　石山修武著　晶文社／レヴィ=ストロース　入門のために　神話の彼方へ　河出書房新社
21「宿泊小屋」　建築文化　1979年9月号／吉阪隆正の迷宮　TOTO出版
22「電話小屋」　近代和風建築　初田亨+大川三雄+藤谷陽悦著　建築知識
23「景品小屋」　銀座建築探訪　藤森照信著　白楊社
番外編1「週末小屋」　藤森照信の原・現代住宅再見3　TOTO出版／現代詩文庫1025　立原道造　思潮社
番外編2「休暇小屋」　ル・コルビュジエ全作品集Vol.5　A.D.A. EDITA Tokyo／建築巡礼⑫　ル・コルビュジエ　富永　讓著　丸善／住宅巡礼　中村好文著　新潮社／荷風とル・コルビュジエのパリ　東　秀紀著　新潮選書

持田庄一（もちだ　しょういち）

1947年　千葉県市川市生まれ
1970年　東京理科大学工学部建築学科卒業
1989年　（有）ふぉるむ建築研究室設立
2007年　東京都台東区主催
第14回町づくり大学「下町塾」卒業
現在　ふぉるむ建築研究室代表
「ぽち小屋探歩の会」主宰
著書　『江戸市』誕生
東京の街を歩いて考えた下町の魅力
（相模書房2012年）

東京「ぽち小屋」探歩

2017年11月30日　初版発行

著　者——持田庄一　©2017
発行者——山岸久夫
発行所——王　国　社
〒270-0002 千葉県松戸市平賀152-8
tel 047(347)0952　　fax 047(347)0954
郵便振替 00110-6-80255
印刷　三美印刷　　製本　小泉製本
写真・地図——持田庄一
装幀・構成——水野哲也（Watermark）

ISBN 978-4-86073-065-9　*Printed in Japan*